主　　编　孙晓勇　国家法官学院院长
最高人民法院司法案例研究院院长
副 主 编　彭永和　最高人民法院司法案例研究院副院长
刘　畅　最高人民法院司法案例研究院规划部主任
黄　斌　国家法官学院科研部负责人
主编助理　边疆戈　国家法官学院科研部编辑
赵文轩　最高人民法院司法案例研究院规划部编辑
刘丽媛　最高人民法院司法案例研究院规划部编辑

《中国法院年度案例》编辑人员（按姓氏笔画）
刘　畅　朱建伟　朱　琳　李晓果　杨小利
罗胜华　胡　岩　赵文轩　唐世银　袁登明
曹海荣　梁　欣　程　瑛

本书编审人员　曹海荣

中国法院

2021年度案例

国　家　法　官　学　院
最高人民法院司法案例研究院 ◎编

借款担保纠纷

中国法制出版社
CHINA LEGAL PUBLISHING HOUSE

《中国法院年度案例》通讯编辑名单

序

党的十八大以来，以习近平同志为核心的党中央高度重视法治在推进国家治理体系和治理能力现代化中的重要作用，中央全面依法治国工作会议更是明确习近平法治思想在全面依法治国中的指导地位，为全面依法治国提供了根本遵循和行动指南。近年来，人民法院始终将加强司法案例研究作为推进全面依法治国的重要途径，通过发布具有普遍指导意义的典型案例，统一法律适用、提高审判质量，不断推进人民法院严格公正司法。《中国法院年度案例》丛书，旨在完善中国特色案例指导制度，总结提炼典型案例的裁判规则和裁判方法，发挥司法规范、指导、评价、引领的重要作用，大力弘扬社会主义核心价值观，增强全民法治意识和法治素养，展现新时代我国法治建设新成就。

《中国法院年度案例》丛书自2012年编辑出版以来，已连续出版9套，受到读者广泛好评。近年来，为更加全面地反映我国司法审判执行工作的发展进程，顺应审判执行实践需要，响应读者需求，丛书2014年度新增金融纠纷、行政纠纷、刑事案例3个分册，2015年度将刑事案例调整为刑法总则案例、刑法分则案例2个分册，2016年度新增知识产权纠纷分册，2017年度新增执行案例分册，2018年度将刑事案例扩充为4个分册。自2020年起，丛书由国家法官学院与最高人民法院司法案例研究院共同编辑，每年年初定期出版。在全国各级人民法院的大力支持下，丛书编委会现编辑出版《中国法院2021年度案例》系列丛书，共23册。

《中国法院年度案例》丛书以开放务实的态度、简洁明快的风格，在编辑中坚持以下方法，努力把案例书籍变得“好读有用”：一是高度提炼案例内容，控制案例篇幅，每个案例基本在3000字以内；二是突出争议焦点，剔除无效信息，尽可能在有限的篇幅内为读者提供有效、有益的信息；三是注重对裁判文书的再加工，大多数案例由案件的主审法官撰写“法官后语”，高度提炼、总结案例的指导价值，力求引发读者思考，为司法工作提供借鉴，为法学研究提供启迪。

《中国法院年度案例》丛书编辑工作坚持以下原则：一是广泛选编案例。国家法官学院和最高人民法院司法案例研究院每年通过各高级人民法院从全国各地法院汇集上一年度审结的典型案例近万件，使该丛书有广泛的精选基础，优中选优，可提供给读者新近发生的全国各地多种类型的典型性案例。二是方便读者检索。为体现以读者为本，丛书分卷细化，每卷下还将案例主要根据案由分类编排，每个案例用一句话概括裁判规则、裁判思路或焦点问题作为主标题，让读者一目了然，迅速找到目标案例。

中国法制出版社始终全力支持《中国法院年度案例》丛书的出版，给了作者和编辑们巨大的鼓励。2021年，丛书将继续提供数据库增值服务。购买本书，扫描前勒口二维码，即可在本年度免费查阅往年同类案例数据库。我们在此谨表谢忱，并希望通过共同努力，逐步完善，做得更好，真正探索出一条编辑案例书籍、挖掘案例价值的新路，更好地服务社会主义法治国家建设、服务法治社会建设、服务学习研究法律的读者。

《中国法院年度案例》丛书既是法官、检察官、律师等法律工作者的办案参考和司法人员培训的实用教材，也是社会大众学法用法的经典案例读本，同时是教学科研机构案例研究的良好系列素材。当然，案例作者和编辑在编写过程中也难以一步到位实现最初的编写愿望，客观上会存在各种不足甚至错误，欢迎读者批评指正。我们愿听取各方建议，不断扩宽深化司法案例研究领域，实现中国特色案例研究事业的新发展。

国家法官学院

最高人民法院司法案例研究院

2021年2月22日

目　录

Contents

一、借款合同

二、保　证

三、抵　　押

附录：

一、借款合同

1

公章真伪不明情形下借款关系认定

——傅某辉诉英纳雪公司、薛某借款合同案

【案件基本信息】

1. 裁判书字号

上海市第一中级人民法院（2019）沪01民终91号民事判决书

2. 案由：借款合同纠纷

3. 当事人

原告（被上诉人）：傅某辉

被告（上诉人）：英纳雪公司、薛某

【基本案情】

2012年5月18日，傅某辉与英纳雪公司签订借款协议，约定英纳雪公司向傅某辉借款550万元，利息每月按4%计算，借款期限为2012年5月18日至2012年6月17日，逾期还款的，利息按月利率4%和逾期的实际天数计算。案外人王某对该借款进行了担保。当日，傅某辉即向英纳雪公司的账户汇款550万元。借款期限届满后，英纳雪公司未能按时返还。经多次催讨，英纳雪公司仍未还款。2014年6月10日，案外人王某向傅某辉出具担保书，承诺对上述借款承担连带还款责任，担保期限为2年。但英纳雪公司至今未能返还借款，薛某作为一人有限责任公司的股东，不能证明公司财产独立于股东自己的财产，应对公司债务承担连带责任，故傅某辉向法院提起本案诉讼。

【案件焦点】

1. 系争的550万元借款主体是英纳雪公司还是案外人王某；2. 薛某是否应当对英纳雪公司的债务承担连带责任。

【法院裁判要旨】

上海市奉贤区人民法院经审理认为：尽管傅某辉提供的借款协议及收条上的“英纳雪公司”公章，经鉴定与英纳雪公司工商材料上所盖的公司公章不一致，但基于涉案550万元确实进入了英纳雪公司的账户又从该账户转出等事实，法院认定英纳雪公司同意王某以其公司名义向傅某辉借款，用以偿还其向兴业银行的贷款。因此，案外人王某以英纳雪公司名义向傅某辉借款的行为，对英纳雪公司发生效力，本案的借款合同关系发生于傅某辉和英纳雪公司之间，英纳雪公司应当向傅某辉承担还本付息义务。薛某在案件纠纷处理过程中，变更公司类型为非一人有限责任公司，并退出不再作为英纳雪公司的股东，涉嫌逃避其可能要承担的债务，故英纳雪公司变更公司类型、薛某退出公司的行为，不能使薛某对公司财产独立于其财产的事实应承担的举证责任发生转移。薛某提供的证据不足以证明英纳雪公司财产独立于股东薛某的财产，薛某曾作为英纳雪公司的唯一股东，应当对公司的相应债务承担连带责任。

上海市奉贤区人民法院依照《中华人民共和国合同法》① 第八条、第二百零五条、第二百零六条、第二百零七条，《中华人民共和国民法总则》第一百六十二条，《中华人民共和国公司法》第六十三条，《最高人民法院关于审理民事案件适用诉讼时效制度若干问题的规定》第十七条第二款和《最高人民法院关于适用〈中华人民共和国民事诉讼法〉的解释》第九十条的规定，判决：

一、英纳雪公司于本判决生效之日起十日内返还傅某辉借款550万元；

二、英纳雪公司于本判决生效之日起十日内偿付傅某辉以550万元为基数，自

① 《中华人民共和国民法典》于2021年1月1日起实施，《中华人民共和国婚姻法》《中华人民共和国继承法》《中华人民共和国民法通则》《中华人民共和国收养法》《中华人民共和国担保法》《中华人民共和国合同法》《中华人民共和国物权法》《中华人民共和国侵权责任法》《中华人民共和国民法总则》同时废止。最高人民法院对相关司法解释也进行了废止或修改。本书收录的案例均裁判于《中华人民共和国民法典》生效前，适用的是当时有效的法律法规及司法解释，下文将不再对此进行提示。

2012 年 5 月 18 日起，至实际清偿日止，按月利率 2% 计算的借款利息及逾期利息；

三、薛某对上述第一项、第二项中英纳雪公司的付款义务承担连带清偿责任。

英纳雪公司、薛某不服一审判决，提起上诉。

上海市第一中级人民法院经审理同意一审法院裁判意见，依照《中华人民共和国民事诉讼法》第一百七十条第一款第一项、第一百七十五条之规定，判决：

驳回上诉，维持原判。

【法官后语】

从司法鉴定的结果来看，系争借款协议和收条上英纳雪公司的公章与其工商材料中所加盖的公章不一致。但是依据该鉴定结果并不能得出涉案公章是伪造的结论，主要理由有以下两点：第一，英纳雪公司没有备案的公章可供比对。根据公安机关的调查，英纳雪公司没有将其刻制的公司印章在公安机关备案，同时根据鉴定的比对样本来看，正是由于没有备案的公章可供比对，鉴定机构才退而求其次，选择了英纳雪公司历年年检时提交的工商材料上的公章进行比对。而根据国家相关规定，企业刻制的印章必须到公安部门进行备案才是合法有效的，申言之，没有比对样本的“真”，自然无法得出检材的“假”。当然也就不能排除英纳雪公司同时持有并使用两枚以上公章的可能性。第二，有证据显示案外人王某为英纳雪公司的实际控制人。根据案外人许某庆在公安机关的供述，案外人王某为英纳雪公司的实际控制人。而系争借款协议上和收条上的公章就是案外人王某作为涉案借款的经办人加盖上去的。依常理而言，应推定公司实际控制人持有公司公章。

当然，就鉴定结果而言，不能得出涉案公章是伪造的结论，但同时由于傅某辉也无法举证证明涉案借款协议和收条上的公章英纳雪公司在其他场合亦使用过，因此同样不能得出涉案公章为“真”的结论。换言之，涉案公章的真伪即使通过鉴定也无法做出判断，处于真伪不明的状态。

编写人：上海市奉贤区人民法院　刘旭斌

2

主合同的解除并不必然影响担保责任的承担

——中信银行钦州分行诉林某龙、蔡某连金融借款合同案

【案件基本信息】

1. 裁判书字号

广西壮族自治区钦州市钦南区人民法院（2019）桂0702民初1582号民事判决书

2. 案由：金融借款合同纠纷

3. 当事人

原告：中信银行钦州分行

被告：林某龙、蔡某连

【基本案情】

2015年2月9日，林某龙与中信银行钦州分行签订《中信银行个人房产抵押综合授信及最高额抵押合同》，中信银行钦州分行同意向林某龙提供100万元的综合授信额度，期限自2015年2月10日至2025年2月10日，林某龙用其名下的房屋提供抵押担保。如林某龙违约，中信银行钦州分行可提前终止合同。同日，中信银行钦州分行与林某龙签订《中信银行个人借款合同》，林某龙向中信银行钦州分行借款100万元，期限自2015年2月16日至2025年2月16日，利率为年8.61%。由于林某龙逾期还款，已经构成违约，中信银行钦州分行遂诉至法院。另，林某龙，蔡某连为夫妻关系，林某龙所负债务为夫妻共同债务，蔡某连应承担连带责任。

【案件焦点】

借款合同的解除，是否影响担保合同的实现。

【法院裁判要旨】

广西壮族自治区钦州市钦南区人民法院经审理认为：中信银行钦州分行与林某龙签订的合同是当事人真实意思表示且不违反法律规定，为有效合同，双方均应按照合同的约定全面履行自己的义务。中信银行钦州分行已经依约定履行了支付贷款义务，林某龙负有按约及时偿还借款本息的义务。现林某龙没有按合同约定偿还借款本息，违反了合同的约定，中信银行钦州分行依据合同要求提前解除合同、收回尚欠贷款及承担相应违约责任的诉讼请求，符合合同约定和法律规定且被告没有异议，法院予以支持。由于蔡某连对中信银行钦州分行要求其承担连带责任没有异议，故中信银行钦州分行该项请求，法院予以支持。

对于中信银行钦州分行主张对林某龙用于抵押的房屋享有优先受偿权的问题。林某龙抗辩其已同意中信银行钦州分行要求解除抵押合同，就意味着中信银行钦州分行丧失优先受偿权。由于抵押合同系主债权债务合同的从合同，抵押权与其所担保的债权同时存在。主债权不存在或消灭的，抵押权也不存在或消灭。因此，中信银行钦州分行要求解除合同，并不等于本案债权消灭，同理，抵押权亦没有消灭。故林某龙的抗辩意见，于法无据，法院不予采纳。由于抵押权属于物权，其自办理抵押登记时成立，中信银行钦州分行已取得他项权证，抵押权成立。因此，中信银行钦州分行主张对林某龙用于贷款的房屋享有优先受偿权，符合法律规定，法院予以支持。

广西壮族自治区钦州市钦南区人民法院依照《中华人民共和国合同法》第六十条第一款、第九十三条第二款、第一百零八条、第二百零五条，《中华人民共和国物权法》第一百七十九条、第一百八十七条、第一百九十五条的规定，判决：

一、解除中信银行钦州分行与林某龙于 2015 年 2 月 9 日签订的《中信银行个人房产抵押综合授信及最高额抵押合同》及《中信银行个人借款合同》；

二、林某龙偿还中信银行钦州分行截至 2016 年 6 月 17 日尚欠的贷款本金 939744. 49 元及利息 25438. 1 元、罚息 939. 18 元（从 2016 年 6 月 18 日起至还清借款之日止的利息、罚息按上述第一项中的合同约定进行计算）；

三、林某龙赔偿中信银行钦州分行为诉讼支付的律师费 41644 元；

四、蔡某连对上述第二项、第三项应付债务承担连带清偿责任；

五、中信银行钦州分行对林某龙用于抵押的名下房屋、商铺享有优先受偿权。

【法官后语】

担保合同是指依据法律规定或当事人约定的确保债务人履行债务，保障债权人的债权得以实现的法律措施；担保合同的从属性是指担保合同的成立与存在，必须以一定的合同关系的存在为前提。

关于借款合同的解除，是否影响担保合同的实现的问题，首先，《中华人民共和国民法典》第三百八十八条第一款规定："……担保合同是主债权债务合同的从合同。主债权债务合同无效的，担保合同无效，但是法律另有规定的除外。"第五百六十六条第三款规定："主合同解除后，担保人对债务人应当承担的民事责任仍应当承担担保责任，但是担保合同另有约定的除外。"依据以上规定，如果因主合同无效而使主合同约定的债务不复存在，那么作为从合同的担保合同也就失去了存在的价值；当主合同的债权债务关系因主合同解除，会使主合同当事人之间产生一种合同解除的附随义务即财产返还或赔偿损失。

其次，《中华人民共和国民法典》第五百六十六条第一款规定："合同解除后，尚未履行的，终止履行；已经履行的，根据履行情况和合同性质，当事人可以请求恢复原状或者采取其他补救措施，并有权请求赔偿损失。"第五百六十七条规定："合同的权利义务关系终止，不影响合同中结算和清理条款的效力。"故合同的解除并非使合同归于消灭，而是阻止其发生作用。因此主合同解除后，主合同并非归于消灭，合同解除下的附随义务，合同双方应当履行。

综上，当主合同的解除不能免除主合同债务人的责任时，担保人仍应对该责任承担担保责任。

编写人：广西壮族自治区钦州市钦南区人民法院　蓝海恩

3

借名贷款中名义借款人是否需要承担还款责任

——信用社诉覃某玲、种养合作社金融借款合同案

【案件基本信息】

1. 裁判书字号

广西壮族自治区大化瑶族自治县人民法院（2019）桂1229民初1271号民事判决书

2. 案由：金融借款合同纠纷

3. 当事人

原告：信用社

被告：覃某玲、种养合作社

【基本案情】

2016年10月13日，种养合作社经工商登记成立。2016年11月25日，覃某玲与种养合作社共同签订了《扶贫小额贷款委托经营带动协议书》，其中约定：若覃某玲不能按期偿还贷款本金的，由县扶贫办、乡镇扶贫小额贷款工作小组启动法律程序，督促还款，由此造成的经济损失由种养合作社全权负责，覃某玲不负责任。2016年12月4日，覃某玲、种养合作社、信用社共同签订了《信贷资金监管协议》，其中约定：种养合作社对覃某玲投入该社的贷款金额承担连带保证责任，覃某玲逾期未归还贷款的，信用社有权要求种养合作社偿还所欠贷款本息及实现债权所产生的一切费用。2016年12月14日，信用社与覃某玲签订了《扶贫小额贷款借款合同》，约定：覃某玲向信用社借款50000元，用于养鸡，借款期限为3年（自2016年12月14日至2019年12月14日）；贷款利率：执行中国人民银行公布的同期同档次人民币贷款基准利率5.1%；还款方式：按季结息，结息日为每季度末月的20日，借款本金到期一次性归还；合同约定的金额、期限、用途内产生的贷款

利息由财政全额贴息，因贷款逾期或借款人其他违约行为所产生的利息、罚息、复利，政策不予贴息，由借款人自行承担；在合同有效期内，借款人发生下列情形之一的，贷款人有权提前收回贷款……（3）生产经营活动和经营收入发生重大变化的……(8) 出现其他影响偿还能力和贷款安全的重大情形。合同签订后，信用社于当日依约向覃某玲发放了贷款 50000 元，同日，信用社根据三方签订的《信贷资金监管协议》和覃某玲的授权将覃某玲名下贷款分两笔，一笔为 4 万元、一笔为 1 万元，转入种养合作社的账户内。2019 年 5 月 19 日，种养合作社的法定代表人覃某英病故。因出现其他影响偿还能力和贷款安全的重大情形，信用社要求提前收回贷款。因覃某玲及种养合作社不履行还款义务，遂诉至法院。

【案件焦点】

作为名义借款人的覃某玲是否要承担还款责任。

【法院裁判要旨】

广西壮族自治区大化瑶族自治县人民法院经审理认为：本案小额信贷的法律性质应定性为金融借款合同纠纷。本案原定案由为小额借款合同纠纷不妥，应改为金融借款合同纠纷。

按照法律规定，如果名义借款人向出借人披露了实际使用人，各方的真实意思表示仅为借名义借款人的名义，名义借款人并不实际参与借款关系的履行活动，也不享受借款活动的利益的，应认定实际使用人为实际借款人，由实际借款人承担返还责任。本案中，《扶贫小额贷款借款合同》虽系覃某玲与信用社签订，但信用社与覃某玲、种养合作社签订有贷款使用的《信贷资金监管协议》，覃某玲和种养合作社也签订有贷款使用的《扶贫小额贷款委托经营带动协议书》，按照“监管协议”和“委托经营带动协议书”的约定，信用社明知贷款的实际用款人为种养合作社，并将款项直接转发给种养合作社，覃某玲并未实际使用该款项。据此，应认定覃某玲与种养合作社间形成借名贷款的法律关系。“监管协议”和“委托经营带动协议书”表明信用社明知覃某玲与种养合作社间的借名贷款关系，并将贷款发放给种养合作社使用，覃某玲并未使用该款项，故应认定信用社与使用款项的种养合作社构成借贷关系，应由使用款项的种养合作社承担还款责任，覃某玲不承担责任。信用社关于由覃某玲偿还借款 50000 元并由种养合作社承担连带责任的诉讼请求没有事实依据，法院不予支持。在种养合作社的法定代表人覃某英去世、该合作社经营活动停止的情况下，信用社发放的贷款存在难以回收的风险，按照合同约定，信用社有权请求提前解除合同。综上所述，信用社请求解除合同符合合同约定和法律规定，但合同解除后的还款责任应按借款的实际使用情况来确定。

广西壮族自治区大化瑶族自治县人民法院依照《中华人民共和国合同法》第九十三条第二款、第九十八条、第四百零二条规定，判决：

一、解除信用社与覃某玲签订的《扶贫小额贷款借款合同》；

二、种养合作社于本判决生效之日起十五日内偿还信用社借款本金 50000 元；

三、驳回信用社的其他诉讼请求。

【法官后语】

近年来，扶贫小额信贷蓬勃发展，在帮助贫困群众脱贫致富、增强贫困户内生动力、助力打赢脱贫攻坚战等方面取得了明显成效。与此同时，类似以贫困户的名义借款后将所得的贷款投入政府指定的农民专业合作社进行经营，而合作社因各种原因不能还款，最后银行向法院起诉要求贫困户还款的案件逐渐增多，这类案件贫困户确实没能使用扶贫贷款或是使用部分贷款，根据合同相对性原则法院依法判决贫困户承担还款责任没有任何问题，但在审理案件时还要考虑法律效果与社会效果、政治效果三者的统一。

信用社与覃某玲、种养合作社签订的《信贷资金监管协议》及信用社与覃某玲签订的《扶贫小额贷款借款合同》属各方当事人的真实意思表示，没有违反法律、行政法规的强制性规定，应当确认合法、有效。信用社也依约发放了贷款给覃某玲，覃某玲应按约返还借款本金给信用社，在合同履行过程中种养合作社因法定代表人死亡等原因而停止营业，无力分红及偿还贷款，出现了三方在合同中约定解除合同、提前收回贷款本金的情形，信用社根据约定请求解除合同、覃某玲返还借款 50000 元，于法有据。结合全案证据来看，覃某玲根据其与合作社签订的《扶贫小额贷款委托经营带动协议书》及后来三方签订的《信贷资金监管协议》，协议内容均为覃某玲将所得的贷款委托合作进行经营，最终均由种养合作社负责偿还。贷款发放后，信用社亦根据覃某玲委托将贷款两笔共计 5 万元全部转入合作社账户，故根据当事人的约定，种养合作社应当对覃某玲所投入贷款金额承担连带清偿责任。故信用社主张种养合作社对覃某玲的上述还款责任承担连带偿还责任，于法有据。

但应当看到，信用社明知道贷款的实际用款人为种养合作社，并将款项直接转发给种养合作社，覃某玲并未能够实际使用该款项，应认定覃某玲与种养合作社间形成了借名贷款的法律关系，应由使用款项的种养合作社承担还款责任，覃某玲不承担责任。

编写人：广西壮族自治区大化瑶族自治县人民法院　黄肖眉

4

依法酌定金融机构的违约责任，保障金融消费者的合法权益

——中信银行诉贸易公司等金融借款合同案

【案件基本信息】

1. 裁判书字号

北京市第二中级人民法院（2019）京02民终9981号民事判决书

2. 案由：金融借款合同纠纷

3. 当事人

原告（反诉被告、上诉人）：中信银行

被告（反诉原告、上诉人）：贸易公司

被告：宋某霖、于某禄、马某英

【基本案情】

2014年，中信银行与贸易公司签署金融借款合同，约定：贷款额度为340万元，期限为三年，还款方式为按月还息，逐年归还等比例本金；贸易公司没有违反本合同和担保文件项下的义务和责任，没有发生本合同项下的违约事件，经中信银行合理判断，贸易公司财务状况没有出现可能危害、延误或阻止其履行本合同以及担保文件项下义务和责任的不利变化时，在额度有效期限内，贸易公司可循环使用

贷款额度；贸易公司信用状况下降、主营业务盈利能力不强时，中信银行有权与贸易公司协商补充贷款发放和支付条件，或视情况自行停止贷款资金的发放和支付。

同日，中信银行与于某禄、马某英签订了两份抵押合同，约定于某禄、马某英以其所有的两套房产为贸易公司的债务提供最高额抵押担保，双方办理了抵押登记手续；中信银行与宋某霖、于某禄、马某英分别签订保证合同，约定宋某霖、于某禄、马某英对贸易公司的债务承担连带保证责任。

随后，中信银行向贸易公司发放了贷款330万元，贷款期限为自2014年4月1日至2017年3月20日。

贷款发放后，贸易公司每月均按时足额偿还贷款利息。2015年4月1日和2016年4月6日，贸易公司分别偿还贷款本金110万元。

2015年4月、5月，贸易公司员工多次催促中信银行客户经理办理循环放贷手续。此外，宋某霖曾主张，如果无法办理续贷手续，希望中信银行解押一套抵押房产。但中信银行一直未给予贸易公司回复。

2015年6月，中信银行向贸易公司发送电子邮件，要求贸易公司签署电子邮件附件《补充协议》。该协议拟约定：贸易公司确认并同意，中信银行有权随时撤销贷款合同项下贸易公司尚未使用的额度，并拒绝贸易公司的提款申请。贸易公司没有签署《补充协议》。

2017年3月20日，贸易公司未能如期偿还剩余贷款本金110万元。

另查，根据评估，2015年4月，于某禄提供抵押的一套房产，市场价值为307.07万元。

【案件焦点】

1. 中信银行拒绝贸易公司循环使用贷款额度的行为是否构成违约；2. 金融借款合同未约定金融机构承担违约责任的方式时，如何确定违约金数额；3. 金融消费者主张的可得利益损失是否能够得到支持。

【法院裁判要旨】

北京市西城区人民法院经审理认为：中信银行拒绝贸易公司循环使用贷款额度的行为已构成违约，理由为：第一，贷款合同确实约定了一系列中信银行拒绝贸易公司继续使用剩余额度的情形，但上述情形主要限于贸易公司违反合同约定，贸易公司财务状况出现可能危害、延误或阻止其履行合同义务的不利变化，以及贸易公司出现信用状况下降、主营业务盈利能力不强的情形。在 2015 年 6 月时，贸易公司并无违约行为，且根据中信银行提交的现有证据，不足以认定 2015 年时贸易公司财务状况存在恶化的可能。纵使 2015 年煤炭能源行业总体处于下行趋势，也不必然意味着贸易公司本身即存在信用状况下降、主营业务盈利能力不强的情形。第二，贷款合同对于具体还款日期约定不甚明晰，纵使贸易公司存在逾期 5 天还款的违约行为，但这一违约行为显著轻微，且贸易公司已经及时履行了偿还本金的合同义务，没有扩大中信银行的损失。同时，贸易公司 2016 年的逾期还款，不能改变 2015 年中信银行构成违约的事实。第三，贸易公司为诉争贷款提供了两套房屋作为抵押担保，该担保足以确保中信银行债权的实现，中信银行没有拒绝贸易公司继续使用剩余贷款额度的事实依据。

鉴于贷款合同并未约定中信银行承担违约责任的方式，贸易公司提交了一系列证据，证明中信银行的违约行为造成了贸易公司的可得利益损失。对此，法院认定，贸易公司提供的证据，不能证明其可得利益损失与中信银行的违约行为之间存在直接的因果关系。但是，法院亦认定，虽然贸易公司无法证明其实际遭受了损失，但是贸易公司举证不能并不意味中信银行不需要承担任何违约责任。贷款合同是中信银行提供的格式合同，在该合同的签订过程中，中信银行属于谈判能力较强的一方。该合同未约定中信银行的违约责任，其对此存在过错。因此，法院酌定中信银行应承担的违约责任，为自 2017 年 3 月 21 日起至贷款实际清偿之日止贸易公司应承担的贷款利息、罚息、复利。

北京市西城区人民法院依据《中华人民共和国合同法》第六十条、第一百零七条、第一百九十六条、第二百零六条，《中华人民共和国担保法》第十八条、第三十一条、第三十三条，《中华人民共和国物权法》第一百七十九条，《中华人民共和国民事诉讼法》第六十四条第一款之规定，判决：

一、贸易公司于本判决生效后十日内偿还中信银行剩余贷款本金；

二、中信银行有权以于某禄、马某英名下的两套房产折价或者以拍卖、变卖前述两套房屋的价款优先受偿；

三、宋某霖、于某禄、马某英对本判决书确认的贸易公司的金钱给付义务承担连带保证责任；

四、驳回中信银行的其他诉讼请求；

五、驳回贸易公司的其他诉讼请求。

中信银行、贸易公司不服一审判决，提起上诉。

北京市第二中级人民法院经审理同意一审法院裁判意见，依照《中华人民共和国民事诉讼法》第一百七十条第一款第一项规定，判决：

驳回上诉，维持原判。

【法官后语】

近年来，金融消费者合法权益的保护，是金融审判领域的热点问题。《全国法院民商事审判工作会议纪要》明确，法院在审理金融服务的提供者与金融消费者之间形成的商事案件时，应坚持“卖者尽责、买者自负”原则，依法保护金融消费者的合法权益，规范卖方机构的经营行为。

具体到金融借款合同纠纷的审理，由于金融借款合同多由金融机构提供格式合同，在合同缔结的过程中，金融机构作为谈判能力较强的一方，往往在合同中少约定或不约定金融机构的违约责任。法院在案件的审理过程中，也常面临金融机构的违约情形难认定、违约责任的具体数额难确定的问题。

在认定金融机构是否构成违约方面，应当参照《中华人民共和国民法典》第四百九十六条关于格式合同条款解释的规定，对借款合同约定的金融机构的义务范围和履约标准作出有利于金融消费者的解释。若金融机构的行为在客观上确实会造成金融消费者的损失，纵使金融消费者受制于法律意识水平及举证能力，无法证明其确有损失，亦应认定金融机构构成违约，从而推动形成公开、公平、公正的市场环境和交易秩序。

在认定金融机构存在违约行为后，即应对金融机构应当承担的责任数额进行认定。在审判实务中，金融借款合同往往没有关于金融机构违约责任数额的约定。因此，在本案诉讼中，金融消费者提供了一系列证据，拟证明其因金融机构的违约行为遭受了“可得利益损失”。是否支持金融消费者的可得利益损失，是本案审理的一大难点。对此，2009 年发布的《最高人民法院关于当前形势下审理民商事合同纠纷案件若干问题的指导意见》制定了一系列的认定标准。具体而言，认定可得利益损失，第一步，应基于交易性质、合同目的等因素，判断可得利益损失属于生产利润损失、经营利润损失或转售利润损失；第二步，应结合可得利益损失的性质，判断该利益是否为金融机构不违约时，金融消费者必然可以获得的利润，换言之，即判断金融消费者未获得利润，是否与金融机构的违约行为存在因果关系；第三步，金融消费者主张的可得利益损失，应扣除金融机构违约时不可预见的损失和因金融消费者自身过失造成的损失。由于金融消费者的可得利益损失，往往属于金融机构在违约时无法预见的损失，因此法院在认定相关数额时，应采取较为审慎的态度。

如金融消费者确实无法证明其因金融机构违约而遭受损失的数额，且金融借款合同确没有对金融机构承担违约责任的方式进行约定，法院应当结合借款合同的放款金额、还款方式、已还款金额、尚欠款金额等多方面因素综合衡量，以公平、公正为基准，充分发挥自由裁量权，灵活酌定违约金的数额。总之，法院对于此类案件的审判理念，应促使金融消费者和金融机构形成利益平衡，不应使金融消费者因金融机构违约而获利，亦不应使金融消费者因举证能力不足而无法获得救济。

编写人：北京市西城区人民法院　高亢

5

共同借款人对借款行为的单方事后追认之法律后果

——招商银行诉史某、程某丽金融借款合同案

【案件基本信息】

1. 裁判书字号

北京市第二中级人民法院（2019）京02民终6484号民事判决书

2. 案由：金融借款合同纠纷

3. 当事人

原告（被上诉人）：招商银行

被告（上诉人）：史某、程某丽

【基本案情】

招商银行、史某、程某丽签订《个人授信及担保协议》，约定：招商银行向史某、程某丽提供总额为588万元的授信额度；授信期间为72个月，授信申请人应在该期间内向授信人提出额度使用申请；对授信项下的每笔贷款，双方应另行签署具体的借款合同、授信申请人提交并经授信人确认的借款申请书、借款借据及或其他凭证予以约定。

在贷款金额为290万元的《个人授信项下贷款申请表》中，个人基本状况部分填写的借款人申请人史某的单位名称为亚美艺视公司；贷款用途部分填写的提供产品或服务单位为腾龙智达公司。签署日期为2014年1月6日的《个人贷款借款合同》和《个人贷款借款借据》中，史某、程某丽作为借款人，招商银行作为贷款人。贷款金额为298万元的《个人授信项下贷款申请表》中，个人基本状况部分填写的借款人申请人史某的单位名称为亚美艺视公司；贷款用途部分填写的提供产品或服务单位全称为腾龙智达公司。但该申请表落款处的签名经鉴定认定为非史某、程某丽本人所签。招商银行提交的签署日期为2014年2月11日的《个人贷款借款合同》和《个人贷款借款借据》，落款处史某、程某丽的签字经鉴定认定为非史某、程某丽本人所签。

根据招商银行提供的通话录音，两次贷款发放后，招商银行均向史某核实了贷款发放情况。法院前往北京市公安局经济犯罪侦查总队调取刑事卷宗，对贷款发放涉及的相关人员的询问笔录当庭进行质证。

【案件焦点】

对于涉案的两笔金额为290万元和298万元的贷款在史某、程某丽与招商银行之间是否达成合意。

【法院裁判要旨】

北京市西城区人民法院经审理认为：对于金额为290万元的贷款，即便在相关合同文件上的除签字外其他所填写的内容为空白，但作为合同当事人的史某、程某丽仍然签字，可以视为对合同内容的无限授权，合同相对方在空白部分可以填写相关内容，并且在发放贷款前与招商银行工作人员的电话录音中，招商银行工作人员在对与《个人贷款借款借据》上一致的贷款金额、贷款期限、贷款利率、还款方式、付款对象进行核实时，史某表示无异议，并且在随后的贷款期内偿还部分贷款利息，故可以认定借款人史某、程某丽对于向招商银行申请290万元贷款具有真实的意思表示，招商银行与史某、程某丽就290万元贷款的申请与发放达成一致，故史某、程某丽应按照约定履行还款义务，其逾期还款，已经构成违约。

对于金额为298万元的贷款，经鉴定，对应的《个人授信项下贷款申请表》《个人贷款借款合同》《个人贷款借款借据》落款处的签字经鉴定均非史某、程某丽所签，《个人授信及担保协议》上载明的授信申请人是史某和程某丽，招商银行无法证明作为共同授信人的程某丽知晓并同意298万元贷款的申请和发放，故金额为298万元的贷款无法认定为《个人授信及担保协议》项下的贷款，故招商银行要求程某丽偿还贷款金额为298万元的《个人贷款借款合同》项下拖欠的本金、利息、罚息、复息的诉讼请求，无事实和合同依据，法院不予支持。

在298万元贷款发放前与招商银行工作人员的电话录音中，招商银行工作人员在对与《个人贷款借款借据》上一致的贷款金额、贷款期限、贷款利率、还款方式、付款对象进行核实时，史某表示无异议，并且对于该笔贷款史某通过《个人授信及担保协议》上约定的扣款账户偿还四期的利息。法院认为，虽然金额为298万元的贷款对应的《个人授信项下贷款申请表》《个人贷款借款合同》《个人贷款借款借据》落款处的签字经鉴定均非史某所签，但在合同履行过程中，史某对于借款的真实意思表示在电话录音和偿还利息的行为中予以明确追认。故法院认为，金额为298万元的贷款虽不能认定为史某、程某丽与招商银行之间在《个人授信及担保协议》项下的共同借款，但应当认定为史某与招商银行之间的个人借款，对于招商银行要求史某偿还298万元贷款项下拖欠的本金、利息、罚息、复息的诉讼请求，有事实及合同依据，法院予以支持。

为担保《个人授信及担保协议》项下债务的履行，史某、程某丽以其名下的房产提供抵押担保并办理抵押登记。现史某、程某丽未履行贷款金额为290万元的《个人贷款借款合同》项下的本金、利息、罚息、复息的还款义务，因此招商银行主张就上述抵押房产享有优先受偿权的诉讼请求，符合合同约定，法院予以支持。因金额为298万元的贷款不能认定为史某、程某丽与招商银行之间在《个人授信及担保协议》项下的共同借款，故对招商银行主张就上述抵押房产享有优先受偿权的诉讼请求，无事实和法律上的依据，法院不予支持。

北京市西城区人民法院依照《中华人民共和国合同法》第八条、第一百九十六条、第一百九十七条、第二百零五条、第二百零六条、第二百零七条，《中华人民共和国担保法》第三十三条，《最高人民法院关于适用〈中华人民共和国合同法〉若干问题的解释（二）》第十二条，《中华人民共和国民事诉讼法》第六十四条第一款之规定，判决：

一、史某、程某丽于该判决生效之日起十日内偿还招商银行截至2018年6月13日的借款本息3735759.49元以及自2018年6月14日起至本金全部还清之日止的罚息、复息（以实际欠款数额为基数，按照《个人贷款借款合同》约定的利率标准计算）；

二、史某于该判决生效之日起十日内偿还招商银行截至2018年6月13日的借款本息4369865.91元以及自2018年6月14日起至本金全部还清之日止的罚息、复息（以实际欠款数额为基数，按照《个人贷款借款合同》约定的利率标准计算）；

三、史某、程某丽于该判决生效之日起十日内给付招商银行律师费49868元；

四、史某于该判决生效之日起十日内给付招商银行律师费58332元；

五、招商银行在上述第一项、第三项债务范围内对史某、程某丽名下的房产以拍卖或变卖后的所得价款享有优先受偿权；

六、驳回招商银行的其他诉讼请求。

史某、程某丽不服一审判决，提起上诉。

北京市第二中级人民法院经审理同意一审法院裁判意见，依照《中华人民共和国民事诉讼法》第一百七十条第一款第一项规定，判决：

驳回上诉，维持原判。

【法官后语】

在本案中，涉及刑民交叉是否存在中止审理、是否缺少必要的第三人参与诉讼、非本人签字造成共同借款的行为效力、申请贷款资料存在部分不真实等问题，充分反映出目前银行贷款业务中存在的风险和乱象。首先，由于本案是经营性贷款，故在申请贷款之初相关证据证明史某作为亚美艺视公司的实际控制人为该公司开展业务申请贷款，逻辑上没有问题，至于史某是否真为亚美艺视公司的实际控制人，并不重要，故在查明案件实际的情况下，追加亚美艺视公司为本案的第三人并无必要，但这种“挂靠”行为确实会存在法律和道德上的风险。其次，对于在申请贷款过程中，银行经办人员代客户签字的行为，反映出银行在工作人员的日常管理、法律培训及风险意识防范方面均存在严重的漏洞，也反映出银行工作人员在面对业绩压力时的冒进和轻率。

在这一系列的问题中，抽丝剥茧之后，发现本案的焦点问题是对于涉案的两笔金额为290万元和298万元的贷款在史某、程某丽与招商银行之间是否达成合意，这最终涉及责任承担的主体和抵押担保的范围。对于290万元的贷款，史某、程某丽在《个人贷款借款合同》及《个人贷款借款借据》上签字，并且发放贷款前与招商银行工作人员的电话录音中，对于贷款金额、贷款期限、贷款利率、还款方式、付款对象进行核实时，史某表示无异议，并且在随后的贷款期内偿还部分贷款利息，故可以认定借款人史某、程某丽对于向招商银行申请的290万元贷款具有真实的意思表示，招商银行与史某、程某丽就290万元贷款的申请与发放达成一致。

对于金额为298万元的贷款，经鉴定，对应的《个人授信项下贷款申请表》《个人贷款借款合同》《个人贷款借款借据》落款处的签字经鉴定均非史某、程某丽所签，《个人授信及担保协议》上载明的授信申请人是史某和程某丽，招商银行无法证明作为共同授信人的程某丽知晓并同意298万元贷款的申请和发放，故金额为298万元的贷款无法认定为《个人授信及担保协议》项下的贷款，故招商银行要求程某丽偿还该笔贷款的诉讼请求，无事实和合同依据，法院不予支持。对于在298万元的贷款发放过程中，由于银行管理上的漏洞造成无法将该笔贷款认为定共同借款行为，充分说明银行工作人员对于共同借款人的权利义务和不同于单个借款人的操作流程缺乏了解，没有对共同借款人的每一个人进行贷前和贷后核实，并且由于无法将该笔贷款确认为共同借款，故无法实现对抵押物的优先受偿权，这对银行而言损失巨大。

最后将298万元的贷款认定为借款人史某的个人借款具有事实和法律上的依据。虽然金额为298万元的贷款对应的《个人授信项下贷款申请表》《个人贷款借款合同》《个人贷款借款借据》落款处的签字经鉴定均非史某所签，但在合同履行过程中，史某对于借款的真实意思表示在电话录音和偿还利息的行为中予以明确追认。法院认定史某对于该笔借款存在明确的追认，故应当承担相应的还款义务。

该笔贷款为经营性贷款，由于发放的贷款并没有进入借款人的个人账户，而是根据交易合同进入借款人指定的第三方账户，故借款人对于承担还款责任存在争议。但综观全案，借款人史某对于贷款申请、合同订立等一系列活动，均知情并同意，故对于贷款逾期的后果应当承担责任。当然对于贷款人的银行而言，由于管理上的漏洞，造成承担责任主体和抵押担保范围的减少，很大程度上增加了贷款不良的可能性，且这种管理上的漏洞造成银行商业信誉上的损失，也是值得银行进一步警醒和反思的。

编写人：北京市西城区人民法院　童飞

6

债务加入纠纷应当参照适用担保法律规范

——农商行诉科艺贸易中心等金融借款合同案

【案件基本信息】

1. 裁判书字号

江苏省丹阳市人民法院（2019）苏1181民初3397号民事判决书

2. 案由：金融借款合同纠纷

3. 当事人

原告：农商行

被告：科艺贸易中心、富亿公司、芮某华、芮某霞、王某坤、华瑞公司、蒋某平、吴某平

【基本案情】

2016年6月8日，农商行与科艺贸易中心、富亿公司、芮某华、芮某霞、王某坤签订《最高额流动资金担保借款合同》，约定自2016年6月6日至2017年6月6日，农商行向科艺贸易中心发放最高本金余额不超过285万元的贷款，并由富亿公司、芮某华、芮某霞、王某坤提供连带责任保证。2016年6月16日，农商行向科艺贸易中心发放贷款285万元。贷款到期后，科艺贸易中心未能按约还本付息，截

至2018年10月21日，结欠农商行贷款本金285万元、利息（含罚息、复利）648096.01元，合计3498096.01元。

另，2014年4月24日，蒋某平、芮某萍共同向农商行出具一份承诺书，载“科艺贸易中心已在贵行贷款人民币330万元，我自愿作为其债务加入人与科艺贸易中心共同偿还所欠贵行债务，并自愿接受科艺贸易中心与贵行签订的《最高额流动资金担保借款合同》的约定，承担与借款人同样的权利义务。本承诺书适用于科艺贸易中心在贵行的现有借款以及本承诺书出具后在贵行的新增加的全部借款。本承诺书有效期自出具之日起至科艺贸易公司在贵行的贷款本息全部还清之日止”。同日，吴某平也出具了一份内容相同的承诺书，华瑞公司、富亿公司在该份承诺书上加盖了公章及法人章，时任法定代表人芮某华、芮益军签名。承诺书出具当时，科艺贸易中心在农商行处确有三笔贷款合计330万元（30万元、200万元、100万元），但是目前均已结清。

2016年6月2日，蒋某平、芮某萍、吴某平共同委托沪宁律师事务所律师卢某向农商行签发律师函提出，三人于2014年4月24日出具的承诺书仅针对当时签订的《最高额流动资金担保借款合同》所生之债务，承诺书所载“新增借款”处于不确定状态，没有约定具体期限，故因缺乏必备要素而未予成立。三人当时出具承诺书原意仅是为30万元债务提供抵押担保，空白内容为农商行工作人员补记，对承诺人不产生法律效力。最后，三人亦提出，即使承诺人需要为未约定具体期限的最高额借款承担相应的法律责任，承诺人亦立即终止该债务加入，不再承担任何的担保或债务加入责任。卢某律师于2016年6月6日通过EMS邮政特快专递向农商行发出上述律师函，次日签收。

【案件焦点】

蒋某平、芮某萍、吴某平能否单方终止债务加入的承诺，债务加入是否应当参照适用担保法律规范。

【法院裁判要旨】

江苏省丹阳市人民法院经审理认为：农商行与科艺贸易中心、富亿公司、芮某华、芮某霞、王某坤签订的《最高额流动资金担保借款合同》是贷款人、借款人、保证人三方的真实意思表示，依法成立生效。农商行按约向科艺贸易中心发放贷款

285 万元，科艺贸易中心未能按约偿还本息，对农商行要求科艺贸易中心偿还全部尚欠贷款本息 3498096.01 元（2018 年 10 月 22 日起至实际给付之日止的利息按照合同约定计算）的请求，以及要求富亿公司、芮某华、芮某霞、王某坤对科艺贸易中心上述债务承担连带清偿责任的请求，予以支持。华瑞公司对债务加入无异议，且同意承担责任，对农商行要求华瑞公司与科艺贸易中心共同承担还款责任的请求，亦予以支持。

对于承诺书所指债务的范围，两份承诺书均明确指明“本承诺书适用于科艺贸易公司在贵行的现有借款以及本承诺书出具后在贵行的新增加的全部借款”，且上述内容均系格式打印文本，不存在事后补记的情形，从其文意可以明确得出承诺加入的债务不仅指当时存在的借款，也包括以后新增的借款。对于蒋某平、芮某萍、吴某平是否可以单方终止债务加入的承诺，我国法律就债务加入未作明确规定，而与债务加入在法律性质上最为接近并且有明确法律规定的应为连带责任保证法律关系，可以参照适用《中华人民共和国担保法》的相关规定。《中华人民共和国担保法》第二十七条规定，保证人依照本法第十四条规定就连续发生的债权作保证，未约定保证期间的，保证人可以随时书面通知债权人终止保证合同，但保证人对于通知到债权人前所发生的债权，承担保证责任。第十四条规定，保证人与债权人可以就单个主合同分别订立保证合同，也可以协议在最高债权额限度内就一定期间连续发生的借款合同或者某项商品交易合同订立一个保证合同。本案中，两份债务加入承诺书均未指明主债务发生的终止时间，故参照上述关于最高额保证的法律规定，债务加入人可以单方书面通知债权人终止债务加入的意思。蒋某平、芮某萍、吴某平要求终止债务加入的律师函于本案《最高额流动资金担保借款合同》签订前，更在本案借款实际发放前到达农商行，故该三人不再承担债务加入的共同偿还责任。对农商行要求蒋某平、芮某萍、吴某平承担共同还款责任的请求，不予支持。

江苏省丹阳市人民法院依照《中华人民共和国合同法》第二百零五条、第二百零六条、第二百零七条，《中华人民共和国担保法》第十四条、第二十七条之规定，判决：

一、科艺贸易中心、华瑞公司于本判决生效之日起十日内偿还农商行贷款本金 285 万元、利息（含罚息、复利）648096.01 元（截至 2018 年 10 月 21 日），并按《最高额流动资金担保借款合同》的约定给付自 2018 年 10 月 22 日起至实际给付之日止的利息；

二、富亿公司、芮某华、芮某霞、王某坤对科艺贸易中心上述给付义务，向农商行承担连带清偿责任；

三、驳回农商行的其他诉讼请求。

【法官后语】

所谓债务加入，是指原债务人并不脱离债的关系，而由第三人加入债的关系中来与原债务人一起承担债务。连带责任保证是第三人为了确保债权人之债权的实现而为债务人履行债务所提供人的担保。二者均具有为债权人实现债权提供保障的性质和功能，但连带责任保证债务与主债务具有主从关系，而第三人加入债务与原债务则并无主从关系。无论是债务加入还是保证，均是债权人与债务人以外的第三人签订的合同。债务加入，在目前的法律规范中属于无名合同，即现行法律规范没有赋予其一定名称的合同。由于民事主体的经济活动的复杂性，难以在法律制定时对可能发生的所有合同有一一命名，故对于有名合同之外的合同，只要原则上不违背国家立法精神，不违反社会公共利益，在合同当事人间应当产生约束力。无名合同的订立、履行、变更以及解除等产生纠纷，可以参照与该合同最为类似或基本类似的有名合同的法律规范进行处理。如果没有类似的有名合同相应的法律规范可供参照适用，可根据合同的一般规定和民法的基本原则处理。与债务加入在法律性质上最为接近并且有明确法律规定的应为连带责任保证法律关系，故债务人加入合同双方产生纠纷，可参照适用连带责任保证相关规定。

《中华人民共和国民法典》根据实践需求增设了债务加入的规定，第五百五十二条规定："第三人与债务人约定加入债务并通知债权人，或者第三人向债权人表示愿意加入债务，债权人未在合理期限内明确拒绝的，债权人可以请求第三人在其愿意承担的债务范围内和债务人承担连带债务。"根据该条规定，债务加入是基于第三人的意思表示，其承担责任的范围也由第三人自行决定。在第三人对不确定期限发生的债务表示愿意加入的情况下，第三人有权随时通知债权人愿意加入债务的截止期限，以固定需要承担的债务范围。本案的判决思路与《中华人民共和国民法典》的立法精神是相符的。

编写人：江苏省丹阳市人民法院　吴飞

7

贷款人参与过桥资金借贷对借新还旧认定的影响

——担保公司诉潘某珍等追偿权案

【案件基本信息】

1. 裁判书字号

江苏省镇江市中级人民法院（2019）苏11民再35号民事判决书

2. 案由：追偿权纠纷

3. 当事人

原告（被申诉人）：担保公司

被告（申诉人）：潘某珍、傅某波、张某彬、周某

被告（被申诉人）：陈某静、李某安、李某波、陈某顺、四通公司

【基本案情】

2014年12月12日，担保公司与李某安签订委托担保合同，约定担保公司为李某安向农商行的130万元贷款提供担保，贷款用途仅限于经营用流动资金，严禁挪作他用，严禁归还陈欠贷款。李某安一次性缴纳9万元担保费，并自愿承担担保公司代偿资金的本息及实现债权所发生的一切费用。张某彬、陈某静、周某、傅某波、潘某珍、李某波、陈某顺、四通公司作为反担保人在该担保合同上签名。2014年12月12日，李某安与农商行签订借款合同，向农商行借款130万元。同日，担保公司与农商行签订最高额保证合同，为该借款提供连带责任担保。贷款逾期后，担保公司根据农商行的申请代还借款本金130万元以及截至2016年5月27日的借款利息117915.78元，共计借款本息1417915.78元。

另查明，2014年12月8日，农商行向担保公司出具《续贷承诺函》载明：（1）李某安在该行的130万元贷款将于12月13日到期；（2）经审核，李某安符合续贷条件，并已办理该笔贷款的续贷手续；（3）请担保公司将贷款周转金转到李某

安的账户内，该行将于15日内向李某安发放贷款130万元，并确保在12月20日前将上述资金转账到担保公司结算账户。

2014年12月11日，担保公司向李某安出借130万元，借据载明：李某安因归还贷款需要，于2014年12月11日向担保公司借款130万元，借款期限至2014年12月12日，保证人为李某波、陈某静、陈某顺、四通公司。同日，担保公司将130万元转入李某安上述账户内，当日便被用于归还旧贷。次日，农商行向李某安发放新贷130万元，随即该款被转至担保公司账户。

李某安2019年2月25日在检察机关陈述：其在农商银行贷款已持续几年，用借新还旧的方式续借，操作方式是银行、担保公司与其事先商量好的。2014年年底续借时，其找了几名亲戚做反担保人，并未告知他们借新贷款还旧贷款的事，反担保合同写的也是用于经营。

担保公司与李某安于2013年12月12日签订委托担保合同，合同内容与2014年担保合同相同，由冯某玉、陈某静、陈某顺、周某、李某波提供反担保。

【案件焦点】

农商行与李某安之间的借款是否属于借新还旧。

【法院裁判要旨】

江苏省扬中市人民法院经审理认为：本案未有证据证明农商行与李某安之间存在以新贷偿还旧贷的意思联络，也未证明李某安存在旧贷、以新贷偿还旧贷的行为。担保公司为李某安向农商行承担保证责任的事实成立，因此，李某安应当偿还代偿款，张某彬等反担保人应当承担连带保证责任。

江苏省扬中市人民法院依照《中华人民共和国担保法》第四条第二款、第十八条、第二十一条、第三十一条，判决：

一、李某安偿还担保公司代偿款1417915.78元并承担逾期付款利息（利息自2016年5月28日起至实际付款之日止年利率14.28%计算），限于判决生效后十日内履行；

二、张某彬、陈某静、周某、傅某波、潘某珍、李某波、陈某顺、四通公司对上述第一项承担连带保证责任，承担责任后有权向李某安追偿。

江苏省镇江市人民检察院提出抗诉。

江苏省镇江市中级人民法院再审认为："以贷还贷"，是指金融机构与借款人约定以新贷款偿还旧贷款的行为，客观上借款人有将新贷偿还旧贷的行为，主观上金融机构与借款人有"以贷还贷"的共同意思表示或联络。再审期间的新证据能够证明，李某安、农商行和担保公司之间事先已达成合意，由担保公司提供资金帮助李某安偿还旧贷，再以新贷偿还担保公司的资金。2014 年 12 月 11 日，担保公司将 130 万元转入李某安农商行的账户内，当日该款便被用于归还贷款，次日，农商行向李某安发放新贷 130 万元，随即该 130 万元被转至担保公司账户。综上，法院认为，农商行和李某安之间以贷还贷意思表示明确，资金流转过程中虽然介入了担保公司的资金，但并未改变李某安用新贷还旧贷的实质，涉案借款属于以新贷偿还旧贷。

由于委托担保合同中约定的贷款用途仅限经营，严禁挪作他用和归还陈欠贷款。现有证据不能证明申诉人潘某珍、傅某波、张某彬对涉案借款系借新还旧知情，涉案贷款用途改变违背了潘某珍等三人为其提供反担保的真实意思表示，根据《最高人民法院关于适用〈中华人民共和国担保法〉若干问题的解释》第四十条规定，潘某珍三人不应承担反担保责任。

江苏省镇江市中级人民法院依照《中华人民共和国担保法》第四条、第十八条、第二十一条、第三十条、第三十一条，《最高人民法院关于适用〈中华人民共和国担保法〉若干问题的解释》第三十九条、第四十条的规定，判决：

一、撤销江苏省扬中市人民法院（2016）苏 1182 民初 2896 号民事判决；

二、李某安应偿还担保公司代偿款 1417915.78 元并承担逾期付款利息（利息自 2016 年 5 月 28 日起至实际付款之日止按贷款行同档逾期利率计算），限于本判决生效后十日内履行；

三、陈某静、周某、李某波、陈某顺、四通公司对上述第一项承担连带保证责任，承担责任后有权向李某安追偿；

四、驳回担保公司的其他诉讼请求。

【法官后语】

本案是担保人承担担保责任后，向反担保人行使追偿权而引发的纠纷。在金融借款这一主合同项下，既有担保公司向贷款人提供的保证担保，同时也有其他自然人或公司向担保公司提供的反担保。在贷款人、借款人合意向担保公司融资，先偿还旧贷再续借新贷，并用新贷偿还担保公司过桥资金的情况下，是否构成担保法意义上的“借新还旧”，是本案考察的重点。

根据《最高人民法院关于适用〈中华人民共和国民法典〉有关担保制度的解释》第十六条的规定，借新还旧是指借贷合同双方当事人协议以新贷偿还旧贷，在旧贷尚未清偿的情况下，贷款人向借款人发放新贷以用于偿还旧贷。其具体含义包括：一是贷款人和借款人双方达成以新贷偿还旧贷的意思表示，二是双方实施了以新贷偿还旧贷的行为。如果贷款人和借款人未告知担保人借款的真实用途，则属于对担保人的欺诈，担保人依法不承担责任。

本案形式上属于“借新还旧”，借款人先向资金中介借款（即俗称的过桥资金）偿还旧贷，再以银行的新贷偿还过桥资金借款，这是借款人为了获得银行续贷常用的手法。在这一操作模式中，银行作为贷款人没有义务审查借款人还款资金的来源，即使由于对新贷资金去向、用途疏于审查，导致新贷实际用于偿还过桥资金借款，但是因为贷款人与借款人没有达成借新还旧的合意，也不构成借新还旧。本案的特殊性在于，贷款人参与了借款人拆借过桥资金的过程，贷款人、借款人、过桥资金出借人三方达成了由过桥资金出借人出借资金帮助借款人偿还旧贷，再由贷款人发放新贷偿还出借人的过桥资金的合意。由此，以过桥资金的方式先还旧贷、再借新贷就不是借款人的单方行为，而是贷款人和借款人的一致意思表示。在此情况下，贷款人和借款人协商一致规避法律对借新还旧的限制，通过引入过桥资金，先偿还旧贷，再用新贷偿还过桥资金，虽然形式上属于先还旧、再借新，但是实质上属于借新还旧。

编写人：江苏省镇江市中级人民法院　郃玉姝　李洁

8

律师费约定不明又无法证明具体支出的，应遵循公平合理原则调整

——厦门银行诉陈某亮、李某金融借款合同案

【案件基本信息】

1. 裁判书字号

福建省厦门市中级人民法院（2019）闽02民终5244号民事裁定书

2. 案由：金融借款合同纠纷

3. 当事人

原告（上诉人）：厦门银行

被告（被上诉人）：陈某亮、李某

【基本案情】

2018年3月7日，厦门银行与陈某亮、李某夫妻签订了授信协议和融E贷协议，约定厦门银行自2018年3月7日至2028年3月7日向陈某亮、李某提供200万元的授信额度，相应的诉讼费、合理律师费及诉讼过程中产生的其他费用（包括但不限于财产保全费、差旅费、评估拍卖费、执行费等）均由违约方承担。

2018年3月14日，厦门银行向陈某亮、李某发放一笔综合消费贷款，金额为30万元，陈某亮、李某已偿付大部分本金，本金余额为37946.29元。之后，厦门银行发放十一笔综合消费贷款，陈某亮、李某仅偿付部分利息，合计195万元本金均未归还。2019年4月8日，厦门银行向陈某亮、李某发送《授信到期通知书》，通知二人未依约还本付息，已构成违约。后厦门银行催款未果，遂诉至法院。

为追索案涉债权，厦门银行委托东方格致律师事务所代为处理本案诉讼，工作

范围包括诉前调查、财产保全、诉讼代理（一审、二审及调解、和解）以及强制执行、可能发生的重审、再审等。为此，厦门银行支付律师服务费200406元。

【案件焦点】

律师费约定不明又无法证明具体支出的，法院应如何处理。

【法院裁判要旨】

福建省厦门市海沧区人民法院经审理认为：案涉《个人授信协议》《个人融E贷协议书》《最高额抵押合同》均系合同当事人的真实意思表示，内容和形式符合法律规定，合法有效。合同当事人应严格依约履行各自的义务，否则应承担相应的违约责任。厦门银行已依约发放贷款，但陈某亮、李某未能依约如期归还贷款本息，已构成违约，应承担相应的违约责任。陈某亮、李某未能依约偿付该授信额度内贷款本息，根据授信协议的约定，厦门银行有权宣布授信协议项下全部借款提前到期。陈某亮、李某于2019年4月9日签署了《授信到期通知书》，故厦门银行请求确认个人授信协议项下全部借款于2019年4月9日到期并请求陈某亮、李某归还贷款本金1987946.29元及相应利息、罚息及复利，事实清楚、证据充分，于法有据，予以支持。对于抵押担保，厦门银行享有的上述债权有抵押房产予以担保，并依法办理了抵押登记，故其有权就折价、拍卖或变卖抵押房产的款项优先受偿。对于厦门银行主张的保全费5000元，有合同依据，予以支持。对于厦门银行主张的律师服务费200406元系包含一审及可能存在的二审、执行、重申、再审在内的全部费用。本案系金融借款合同纠纷，事实较为清楚、案情相对简单，后续的二审、执行程序等并不必然发生，现即由债务人承担不必然发生的律师服务费，无疑加重了债务人负担，显然不公平，也不符合《个人授信协议》中“合理的律师费”的约定。此外，案涉债权设有抵押担保，债权的实现及追索费用均有相应保障，如此不合理转嫁实现债权费用亦有失公平。因此，对律师服务费，综合本案案情、授信协议的约定、福建省律师服务行业收费标准及代理律师工作量等，酌情支持60000元。如有二审及执行程序等，相应的律师服务费可待事后另行主张。

福建省厦门市海沧区人民法院依照《中华人民共和国物权法》第一百七十九条，《中华人民共和国合同法》第六十条第一款、第一百零七条，《中华人民共和国民事诉讼法》第一百四十四条规定，判决：

一、确认厦门银行与陈某亮、李某签订的《个人授信协议》项下全部借款于2019年4月9日到期；

二、陈某亮、李某于本判决生效之日起十日内偿付厦门银行借款本金1987946.3元和截至2019年4月9日前利息、罚息、复利合计20002.37元，并支付2019年4月10日以后的罚息（以借款本金1987946.3元为基数，按年利率10.44%标准自2019年4月10日起计算至本判决确定支付之日止）及复利（以应还未还利息及罚息的总和为基数，按年利率10.44%标准自2019年4月10日起计算至本判决确定支付之日止）；

三、陈某亮、李某于本判决生效之日起十日内支付厦门银行为实现债权而支出的律师费60000元、保全费5000元，合计65000元；

四、如陈某亮、李某未履行上述第二项、第三项付款义务，厦门银行有权就陈某亮名下的房产折价或以拍卖、变卖所得价款优先受偿；

五、驳回厦门银行的其他诉讼请求。

厦门银行不服一审判决，提起上诉。

厦门银行在本案审理期间提出撤回上诉的请求，不违反法律规定，法院予以准许。

福建省厦门市中级人民法院依照《中华人民共和国民事诉讼法》第一百五十四条、第一百七十三条规定，裁定：

准许厦门银行撤回上诉。

【法官后语】

在金融借款合同纠纷类案件中，金融机构作为原告起诉的案件占绝大多数。此类案件事实较为清楚、案情相对简单，多数当事人对欠款事实及金额均表示认可，案件争议的焦点往往是金融机构主张的高额律师费。本案涉及此类律师费的调整问题，对大量同类案件具有积极参考意义。此外，法院针对此类案件反映的问题向相关金融机构发送司法建议，有效促进了金融机构改进金融借款合同模板以及规范内部风控机制。

一、金融机构主张律师费存在的普遍问题

金融机构提供的金融借款格式合同一般会约定由违约方承担另一方为实现债

权所支出的合理费用，律师费即其中重要的一项支出。但此类格式条款通常仅约定“合理的实现债权费用由违约方承担”，但何为“合理”，实则留下巨大争议空间。

尤其在金融借款合同纠纷案件中，银行往往采用外包服务的方式委托律师批量处理一系列案件，而大部分系列案件的委托内容包含了律师在诉前调查、财产保全、诉讼代理（一审、二审及调解、和解）以及强制执行、可能发生的重审、再审等全程服务中的“打包”价格。因此，具体到每一个案件特定阶段的律师费用实际上无法确认。

起诉时，金融机构在无法证明具体案件中已产生律师费的情况下，主张全程律师费或按当地律师收费标准的上限主张一审律师费，均存在加重债务人负担的主张畸高之嫌。

二、律师费的性质及调整因素分析

律师费等实现债权的费用，系债权人为维权所产生的诉讼成本，性质上应属于违约方造成的损失。对此，最高人民法院有判例明确指出“因合同一方存在违约，合同另一方为此聘请律师提供专业法律服务而支出的合理费用，属于违约方给守约方造成的损失，应由其承担”。

即为损失，意味着债权人既负有举证具体损失之义务，亦负有合理的减损义务。在债权人已证明实际支出律师费的前提下，前述最高院的判决主文指出“综合考虑本案案件类型、标的额、案件复杂程度、数额并未超出当地律师服务费政府指导价标准等因素，讼争律师费计入违约损失并无不当”。即对于律师费主张，不仅需要当事人举证实际支出，还应当结合案件的具体情况对其合理性进行评估；对于不甚合理的，应基于公平合理原则予以适当调整。

金融机构主张的律师费，其可证性及合理性均存在问题：1. 此类纠纷采用律师外包服务模式，使金融机构对于具体案件及具体阶段产生的律师费难以证明；2. 格式条款仅约定“合理律师费由违约方承担”，并未约定计算依据及标准，以个案的全程服务或指导价上限为标准主张律师费，依据并不充分；3. 金融借款合同纠纷案件大多事实较为清楚、案情简单，并不需要律师付出过多的工作时间和更高的专业水平；4. 金融机构的外包委托往往具有很强的市场议价优势。因此，金融机构主张全程律师费或当地律师收费标准的上限，缺乏合理性，实难支持。

三、本案的延伸意义

针对个案调整律师费，其裁判尺度往往因人而异，有失统一，容易造成同案不同判的问题；且个案调整治标不治本。律师费畸高往往有损当事人的调解意愿，阻碍律师费发挥调节当事人诉讼行为的杠杆作用。

故法院延伸司法服务，针对此类案件反映的问题向相关金融机构发送司法建议。司法建议有效促进了该金融机构推进《借款合同》模板的修订，避免因约定不明增加诉讼风险，亦促进了金融机构完善内部风险控制机制，启用法务人员代理部分此类简单案件，合理减少双方的诉讼成本。本司法建议收获的效果体现了法院在诉源治理方面的成果，对延伸司法服务、司法参与社会治理起到良好示范作用。

编写人：福建省厦门市海沧区人民法院　陈进杰　张玲玲

9

人保与物保并存时债权的实现

——金鼎公司诉兴杜公司等追偿权案

【案件基本信息】

1. 裁判书字号

广西壮族自治区柳州市柳江区人民法院（2019）桂 0221 民初 1259 号民事判决书

2. 案由：追偿权纠纷

3. 当事人

原告：金鼎公司

被告：兴杜公司、俊杰公司、王某杰、简某、闫某斌

【基本案情】

2016 年 12 月 30 日，兴杜公司向柳银村镇银行借款 500 万元，双方签订了《人

民币借款合同》，约定：柳银村镇银行向兴杜公司提供贷款500万元，用于偿还其债务，贷款期限为2016年12月30日至2019年12月18日。金鼎公司为兴杜公司向柳银村镇银行借款500万元提供了连带责任担保，金鼎公司与兴杜公司签订了《委托担保合同》，约定：兴杜公司委托金鼎公司为其向柳银村镇银行的500万元借款提供连带责任保证担保，担保范围为主债务本金、利息、违约金等其他费用。金鼎公司与柳银村镇银行签订了《保证合同》，约定：金鼎公司为兴杜公司向柳银村镇银行的500万元借款提供连带责任保证担保，担保范围同《委托担保合同》的担保范围一致。上述合同签订后，柳银村镇银行依约向兴杜公司发放了500万元贷款。之后，金鼎公司与王某杰、简某签订《反担保合同》，与俊杰公司签订《反担保合同》，两合同均约定：王某杰、简某、俊杰公司为兴杜公司的500万元借款提供连带保证责任。金鼎公司与王某杰签订《股权质押反担保合同》，并于2017年1月12日办理了股权出质登记手续，约定：王某杰以其持有的俊杰公司的股权为兴杜公司的500万元借款提供质押反担保，质押数量为出资额1000万元（占注册资本金20%）。金鼎公司与俊杰公司签订《抵押担保合同（设备）》，并于2017年1月11日办理了动产抵押登记手续，约定：俊杰公司以其所有的机械设备为兴杜公司的500万元借款向金鼎公司提供抵押反担保，登记抵押物的价值为500万元。以上合同反担保范围均为：金鼎公司为履行保证义务向柳银村镇银行代偿的全部款项、利息、违约金、实现债权的费用等。王某杰提供房屋抵押给金鼎公司，约定以抵押价值100万元为兴杜公司的500万元借款提供反担保。闫某斌提供房屋抵押给金鼎公司，约定以抵押价值60万元为兴杜公司的上述债务承担连带清偿责任。兴杜公司未按与柳银村镇银行签订的《人民币借款合同》的相关规定及时履行还款义务，柳银村镇银行要求金鼎公司履行相应的保证义务，金鼎公司于2019年2月28日向柳银村镇银行代偿78176.4元，2019年3月25日向柳银村镇银行代偿4980956.73元，两项共计5059133.13元，金鼎公司代偿上述款项后，多次向兴杜公司等主张权利未果，遂诉至法院。

另查明，俊杰公司股东为简某、王某杰，注册资本为5000万元。

【案件焦点】

金鼎公司的诉请是否有事实和法律依据。

【法院裁判要旨】

广西壮族自治区柳州市柳江区人民法院经审理认为：当事人应当按照约定全面履行自己的义务。兴杜公司向柳银村镇银行借款500万元，双方签订了《人民币借款合同》；金鼎公司与柳银村镇银行签订了《保证合同》，为兴杜公司向柳银村镇银行借款500万元提供了连带责任担保。金鼎公司与兴杜公司签订了《委托担保合同》，当事人订立的合同合法有效，金鼎公司系兴杜公司的保证人。柳银村镇银行依约向兴杜公司发放了500万元贷款后，兴杜公司未按其与柳银村镇银行签订的《人民币借款合同》的约定及时履行还款义务，金鼎公司作为保证人为兴杜公司代偿5059133.13元，金鼎公司承担了保证责任后即获得了追偿权。关于利息和违约金的计算问题。简某、王某杰自愿对兴杜公司向柳银村镇银行500万借款承担连带保证责任与金鼎公司签订的《反担保合同》，该合同合法有效；俊杰公司与金鼎公司签订的《反担保合同》，为兴杜公司担保经过其股东即简某、王某杰同意，该合同合法有效。《股权质押反担保合同》及《抵押担保合同（设备）》签订后已按规定办理了相关登记手续，合同合法有效。金鼎公司与俊杰公司、简某、王某杰签订的《反担保合同》中约定，自甲方向柳银村镇银行代偿借款之日起，乙、丙双方除向甲方每月支付代偿数额1.5%的利息外，还应向甲方支付违约金，违约金每月按代偿数额的1%计算，约定的利息及违约金不符合《最高人民法院关于审理民间借贷案件适用法律若干问题的规定》的相关规定，金鼎公司关于利息和违约金的请求应按年利率24%计算，即利息和违约金31657.74元。金鼎公司主张律师费用164900元由兴杜公司支付，该费用为金鼎公司实现债权所支出的律师代理费，实属应当，法院予以支持。金鼎公司作为兴杜公司的保证人已经承担了相应的保证责任，而兴杜公司未对金鼎公司履行反担保合同中约定的债务，金鼎公司既可以要求兴杜公司债务人履行债务，也可以要求反担保合同的保证人在其保证范围内承担保证责任，并可以主张对质押及抵押担保物享有优先受偿权。金鼎公司请求王某杰、简某、俊杰公司对兴杜公司的上述债务承担连带清偿责任，法院予以支持。金鼎公司主张对俊杰公司拥有的机械设备享有抵押权，对王某杰、闫某斌的房屋享有抵押权，对俊杰公司出资额1000万元股权享有质押权，并有权在其担保责任范围内享有优先受偿权，法院予以支持。俊杰公司、王某杰、简某、闫某斌承担担保责任后，有权向兴杜公司追偿。

广西壮族自治区柳州市柳江区人民法院依照《中华人民共和国担保法》第四条、第十二条、第三十一条、第四十二条第五项、第七十八条，《中华人民共和国物权法》第一百七十三条、第六十四条、第一百七十六条，《最高人民法院关于适用〈中华人民共和国担保法〉若干问题的解释》第二十条，《最高人民法院关于审理民间借贷案件适用法律若干问题的规定》第三十条，《中华人民共和国民事诉讼法》第一百四十四条之规定，判决：

一、兴杜公司支付金鼎公司代偿款5059133.13元及利息、违约金31657.74元（今后的利息和违约金以5059133.13元为基数，按年利率24%，从2019年4月4日起计算至还清欠款之日止）；

二、兴杜公司支付金鼎公司律师代理费164900元；

三、俊杰公司、王某杰、简某对兴杜公司上述债务承担连带保证责任；

四、金鼎公司对俊杰公司拥有的机械设备享有抵押权，对王某杰所有的房屋享有抵押权，对闫某斌所有的房屋享有抵押权，并有权在其担保责任范围内享有优先受偿权；

五、金鼎公司对王某杰在俊杰公司出资额1000万元股权享有质押权，并有权在其担保责任范围内享有优先受偿权；

六、俊杰公司、王某杰、简某、闫某斌承担担保责任后，有权向兴杜公司追偿。

【法官后语】

本案担保人为债务人提供担保后，要求债务人提供反担保，第三人为债务人向担保人提供了反担保。第三人提供了物的担保和保证责任担保，既是享有担保物权的担保，又是意定担保的保证合同担保形式，被反担保之债的担保人享有双重保障。按照担保的形式区分，本案是人保与物保并存的双重保障方式，对于债权的实现具有重要作用。

担保物权是指以确保债务清偿为目的，在债务人或第三人所有之物或权利上所设定的以变价权和优先受偿为内容的他物权。在《中华人民共和国民法典》中确立了抵押权、质权与留置权三种担保物权。意定的担保方式即保证，是当事人间就保证达成合意，一般是以书面形式确定保证合同。《中华人民共和国民法典》第六百八十五条第一款对保证如何确立进行了规定，保证合同可以是单独订立的书面合同，也可以是主债权债务合同中的保证条款。该条第二款还规定，第三人单方以书面形式向债权人作出保证，债权人接收且未提出异议的情况也可以成立保证合同。

担保与保证虽然都对债权有保障作用，但在具体实现债权时，物的担保由债务人自己提供时具有优先实现的特点。保证由第三人提供，如果主张保证责任只能向第三人主张，而物的担保，则可能有两种情形，一种情形是债务人本人提供的财产，另一种情形是他人的财产。债务人本人提供的物的担保，债权人在实现债权的过程中，应当先以债务人本人提供的物的担保实现债权，不足部分再由第三人承担保证责任。如果物的担保由第三人提供，那么实现债权的顺序就没有要求，可以首先针对第三人提供之物行使担保物权，也可以直接要求保证人承担担保责任。

担保物权和保证属于担保制度，担保制度具有从属性，以主债务的不履行行为为发生条件。主债务不成立，担保债务也不成立，主债务消灭，担保债务也消灭。担保债务的发生不会因为担保合同的订立而当然发生，而是将主债务不履行作为前提。

本案是人保与物保并存的反担保典型案例，债务人没有提供物的担保，第三人提供了物的担保与保证，因此担保人（即本案债权人）实现债权没有顺序要求，既可针对第三人提供之物行使担保物权，也可直接要求保证人承担保证责任。

关于人保与物保并存时债权的实现，《中华人民共和国民法典》第三百九十二条沿袭了《中华人民共和国物权法》第一百七十六条的规定，被担保的债权既有物的担保又有人的担保的，债务人不履行到期债务或者发生当事人约定的实现担保物权的情形，债权人应当按照约定实现债权；没有约定或者约定不明确，债务人自己提供物的担保的，债权人应当先就该物的担保实现债权；第三人提供物的担保的，债权人可以就物的担保实现债权，也可以请求保证人承担保证责任。提供担保的第三人承担担保责任后，有权向债务人追偿。

需要注意的是关于民间借贷利息的规定的变化。新修订的《最高人民法院关于审理民间借贷案件适用法律若干问题的规定》自2020年8月20日起施行。最高人民法院严格落实《中华人民共和国民法典》第六百八十条“禁止高利放贷”的原则精神，将有关民间借贷利息的规定调整为：以中国人民银行授权全国银行间同业拆借中心每月20日发布的一年期贷款市场报价利率（LPR）的4倍为标准确定民间借贷利率的司法保护上限，取代了原规定中“以 24% 和 36% 为基准的两线三区”的规定，从而大幅度降低了民间借贷利率的司法保护上限，促进民间借贷利率逐步与我国经济社会发展的实际水平相适应。

编写人：广西壮族自治区柳州市柳江区人民法院　吴荣芳

10

涉破产企业借款合同案件的特别裁判规则

——民生银行济南分行诉中澳公司等金融借款合同案

【案件基本信息】

1. 裁判书字号

山东省德州市庆云县人民法院（2019）鲁 1423 民初 2669 号民事判决书

2. 案由：金融借款合同纠纷

3. 当事人

原告：民生银行济南分行

被告：中澳公司、伟诺公司、鼎力公司、张某某、胡某某

【基本案情】

2015 年 2 月 15 日，民生银行济南分行与中澳公司签订了《综合授信合同》，约定中澳公司在合同约定的授信有效期限内可向民生银行济南分行申请使用的最高授信额度为人民币 5000 万元。同日，伟诺公司、鼎力公司分别与民生银行济南分行签订了《最高额保证合同》，张某某、胡某某与民生银行济南分行签订了《最高额担保合同》，约定伟诺公司、鼎力公司、张某某、胡某某为中澳公司的上述综合授信合同项下的债务提供最高额保证。民生银行济南分行与中澳公司于 2015 年 2 月 15 日签订《流动资金贷款借款合同》两份，并于当日向中澳公司分别发放借款 2000 万元和 3000 万元。中澳公司未按约定期限返还借款本息。民生银行济南分行遂诉至法院。

另查明，山东省德州市庆云县人民法院于2017年6月7日裁定受理中澳公司重整，于2017年11月24日裁定受理伟诺公司与中澳公司合并重整，于2018年6月19日裁定受理鼎力公司破产清算。民生银行济南分行向中澳公司管理人申报案涉债权，中澳公司管理人确认案涉债权数额为本金5000万元、利息8447522.57元，民生银行济南分行对该结果没有异议。民生银行济南分行向鼎力公司管理人申报案涉债权，鼎力公司管理人确认案涉债权数额为本金5000万元、利息13662972.71元，民生银行济南分行对该结果没有异议。

【案件焦点】

1. 在债务人系破产企业时，债权人主张给付之诉的应如何处理；2. 保证人与主债务人合并破产后，保证人应如何承担责任；3. 主债务人进入破产程序后主债务即停止计息的规定是否应当适用于从债务。

【法院裁判要旨】

山东省德州市庆云县人民法院经审理认为：因中澳公司、伟诺公司、鼎力公司均系破产企业，民生银行济南分行对上述企业享有的债权应通过破产程序受偿。法院于2017年6月7日裁定受理中澳公司重整，于2017年11月24日裁定受理伟诺公司与中澳公司合并重整，伟诺公司的企业财产已与中澳公司及其他合并重整企业进行归并统一清偿债务，伟诺公司不再具有独立承担保证责任的资格和能力，其保证责任应转化为与中澳公司的共同清偿责任。

根据《中华人民共和国企业破产法》第四十六条第二款规定："附利息的债权自破产申请受理时起停止计息。"中澳公司于2017年6月7日被裁定受理重整，故中澳公司所应承担的利息应计算至2017年6月7日。中澳公司所承担的还款责任为主债务，鼎力公司、张某某、胡某某所负的保证责任为从债务，从债务不应超出主债务的范围，故主债务人进入破产程序后主债务即停止计息的规定应当适用于从债务。虽然鼎力公司管理人将民生银行济南分行申报的利息债权确认至法院裁定受理其破产清算之日即2018年6月19日，且民生银行济南分行对鼎力公司管理人确认的债权数额无异议，但企业破产程序系以破产企业的资产公平清偿全体债权人的债权，对某一笔债权的确认超出法律规定应承担的范围，则会损害其他债权人的受偿利益，故法院对鼎力公司管理人审查确认的民生银行济南分行利息债权

13662972.71元不予确认。据此，民生银行济南分行要求鼎力公司、张某某、胡某某继续对2017年6月7日以后的借款利息承担保证责任没有法律依据，法院不予支持。

山东省德州市庆云县人民法院依照《中华人民共和国合同法》第六十条第一款、第二百零五条、第二百零六条、第二百零七条，《中华人民共和国担保法》第十八条、第二十一条第一款，《中华人民共和国企业破产法》第四十六条第二款，《最高人民法院关于适用〈中华人民共和国担保法〉若干问题的解释》第四十四条，《最高人民法院关于适用〈中华人民共和国企业破产法〉若干问题的规定(三)》第五条，《中华人民共和国民事诉讼法》第一百四十四条规定，判决：

一、确认民生银行济南分行对中澳公司、伟诺公司享有借款本金50000000元、利息8447522.57元，共计58447522.57元的破产债权；

二、确认民生银行济南分行对鼎力公司享有借款本金50000000元、利息8447522.57元，共计58447522.57元的破产债权；

三、民生银行济南分行从中澳公司、伟诺公司、鼎力公司的受偿总额不得超出其债权总额58447522.57元；

四、张某某、胡某某在中澳公司、伟诺公司、鼎力公司破产程序终结后十日内，对民生银行济南分行享有的本判决确认的债权在破产程序中未受清偿的部分承担连带清偿责任；

五、驳回民生银行济南分行的其他诉讼请求。

【法官后语】

一、关于债权人对破产企业提起的给付之诉的处理问题

给付之诉是指原告向被告主张给付请求权，并要求法院对此作出给付判决的请求。确认之诉则是指原告请求法院确认其主张的法律关系存在或不存在。本案民生银行济南分行要求中澳公司偿还借款本息的诉讼请求属于典型的给付之诉。在一般的借款合同纠纷案件中，民生银行济南分行可以径行要求中澳公司偿还借款，但在债务人系破产企业时，此种诉讼请求则不符合破产法的相关法理和规定。

破产的本质是一种特殊的债务清偿制度，即对丧失清偿能力的债务人，经法院审理与监督，强制清算其所有财产，公平、有序地清偿全体债权人的法律制度。破

产程序的宗旨是要保证对债权人的公平、有序清偿，所要解决的主要矛盾是多数债权人之间因债务人有限财产不足以清偿全部债权而发生的冲突，因此破产程序排斥个别清偿行为。为此，破产程序中专门设立了统一的破产债权申报与审查、无争议债权确认、破产债权确认之诉、破产财产有序分配等专门规则和制度。民生银行济南分行请求判令已进入破产程序的债务人偿还借款，就意味着突破了破产法所规定的公平、有序清偿的原则，主张个别实现债权，不符合破产法的规定。据此，针对民生银行济南分行已经提起的诉讼，应当参照破产债权确认之诉处理，仅就民生银行济南分行所主张的破产债权是否存在进行确认，不应作出给付判决。

二、关于保证人与主债务人合并破产后，保证人应如何承担责任的问题

保证人能够承担保证责任的前提是其具有独立的、完全区别于主债务人的人格和财产。如果保证人仅具有形式上的独立法人地位，但不具有独立的法人意志和财产，其法人人格和财产与主债务人高度混同，且已因此被人民法院裁定与主债务人合并进入破产程序，此时保证人应当与主债务人视为同一法律主体，保证人不再具有独立承担保证责任的资格和能力，其保证责任应当相应转化为与主债务人的共同清偿责任。

三、关于主债务人进入破产程序后主债务即停止计息的规定是否应当适用于从债务的问题

司法实践中对该问题争议较大，存在两种观点。第一种观点认为，该停止计息的效力不及于保证人；第二种观点则认为，停止计息的效力应当及于保证人。笔者支持第二种观点。

首先，担保债务具有从属性。根据《中华人民共和国民法典》第三百八十八条规定，担保合同是主债权债务合同的从合同。担保责任的范围不应当大于主债务是担保从属性的必然要求。《中华人民共和国企业破产法》第四十六条第二款规定，人民法院裁定受理主债务人破产申请后，主债务停止计息。根据担保从属性的原则，担保人的担保责任应以主债务为限，故担保债务亦应停止计息。其次，从担保制度体系来看，其不仅规定了保证人的代偿义务，保障债权人的合法权益，同时也规定了保证人的追偿权，兼顾了保证人的合法权益。破产案件受理后对主债务停止计息，债权人受到的仅是利息损失。如对保证债务不停止计息，将影响保证人的追偿权，对保证人有失公平。最后，从司法实践来看，目前保证人多为破产企业的股

东或实际控制人，从而导致企业被宣告破产后保证人身负巨额债务无力偿还，也无法再次创业的恶性局面。为化解这一困局，我国正在努力尝试和逐步推广个人破产制度。如一味加重保证人的债务负担，则有悖于个人破产制度的立法本意。

编写人：山东省德州市庆云县人民法院　张景溪　柳远

11

合同虽非本人签字，借款人仍须承担还款责任

——丰田金融公司诉冀某枝、胡某清金融借款合同案

【案件基本信息】

1. 裁判书字号

北京市第三中级人民法院（2019）京03民终10875号民事判决书

2. 案由：金融借款合同纠纷

3. 当事人

原告（被上诉人）：丰田金融公司

被告（上诉人）：冀某枝

被告：胡某清

【基本案情】

2016年6月14日，丰田金融公司与冀某枝、胡某清签订《抵押贷款合同》，约定：冀某枝向丰田金融公司申请借款119000元用于购车，借款期限36个月，合同签订后，丰田金融公司依约发放了贷款，冀某枝使用借款购买车辆，并办理了车辆抵押登记手续，抵押权人为丰田金融公司。此外，胡某清作为共同借款人在《抵押贷款合同》上签字，进入还款期后，冀某枝自2017年4月17日起逾期还款。丰田金融公司经多次催收无果，遂于2017年8月30日向冀某枝、胡某清寄送提前收回全部贷款通知函，但二人仍未还款。丰田金融公司遂诉至法院。冀某枝、胡某清否认《抵押贷款合同》的真实性，并申请笔迹鉴定。

【案件焦点】

1．鉴定结论能否作为直接定案证据；2．合同并非本人签字，涉案合同是否有效，对当事人是否具有约束力，能否免除还款责任。

【法院裁判要旨】

北京市朝阳区人民法院经审理认为：虽然经笔迹鉴定，《抵押贷款合同》并非冀某枝、胡某清本人签署，但根据丰田金融公司提交的贷款申请资料及通话录音，可以证明在《抵押贷款合同》签署前，丰田金融公司审核了包括冀某枝、胡某清身份证、结婚证、收入证明、还款银行账户在内的贷款申请资料，并与冀某枝通电话核实贷款情况，冀某枝在电话中认可申请贷款事实。因此，丰田金融公司有理由相信申请贷款是冀某枝的真实意思表示。《抵押贷款合同》签署后，冀某枝知晓车辆登记情况但未向登记机关提出异议，且连续偿还了十期款项，还款理由之一为“丰田金融公司催收人员承诺帮助寻找车辆，车辆找回后要么交给冀某枝使用要么抵扣欠款”，在丰田金融公司催收时亦未否认贷款事实，由此可见，冀某枝知晓并认可贷款购车事宜，且已履行了一部分还款义务，上述《抵押贷款合同》已经成立并履行，对冀某枝具有约束力。胡某清与冀某枝系夫妻，上述贷款、还款及催收情况均发生于二人婚姻关系存续期间，冀某枝表示胡某清不清楚相关情况，此与一般生活经验不符，且上述贷款金额及用途均未明显超出夫妻家庭日常生活之必要，应属夫妻共同债务，胡某清应承担共同还款责任。综上，冀某枝、胡某清未按期还款，丰田金融公司要求二人依约偿还全部贷款本金、利息、罚息，支付催收工本费，对抵押车辆行使优先受偿权，均有合同依据，法院均予支持。冀某枝、胡某清的抗辩意见，法院不予采纳。另，如冀某枝、胡某清与邢某之间存在争议，可依法另行解决，本案不予处理。

北京市朝阳区人民法院依照《中华人民共和国合同法》第二百零五条、第二百零六条、第二百零七条，《中华人民共和国担保法》第三十三条，《中华人民共和国物权法》第一百七十九条之规定，判决：

一、冀某枝、胡某清于本判决生效之日起七日内向丰田金融公司偿还借款本金91004.25元、利息4824.41元、罚息1055.15元，并支付自2017年8月31日起至实际给付之日止的利息（以前述借款本金及利息为基数，按合同约定的实际利率上浮50%计算）；

二、冀某枝、胡某清于本判决生效之日起七日内向丰田金融公司支付催收工本费1881.54元；

三、丰田金融公司就上述第一项、第二项确定的款项对冀某枝所有的抵押车辆折价、拍卖或变卖的价款，按照抵押登记顺序享有优先受偿权。

冀某枝不服一审判决，提起上诉。

北京市第三中级人民法院经审理同意一审法院裁判意见，依照《中华人民共和国民事诉讼法》第一百七十条第一款第一项之规定，判决：

驳回上诉，维持原判。

【法官后语】

一、鉴定结论是否为定案直接证据，抵押贷款合同对当事人是否具有约束力

本案中，《抵押贷款合同》并非冀某枝、胡某清本人签署，但是鉴定结论是否足以推翻双方之间的借贷事实，还需结合还款情况、抵押登记、还款账户开立、还款录音等情况综合判定。

从本案贷款前的审核确认到贷款履行中的还款期数到贷款逾期后的催收时间轴分析：第一，还款账户方面，系冀某枝本人以其名义所开立。第二，在贷前确认方面，冀某枝认可其声音真实性，确认了贷款购车的意思表示。第三，抵押登记方面，涉案车辆办理了丰田金融公司为抵押权人的抵押登记。第四，还款情况方面，冀某枝已偿还十期借款，每期还款金额与合同约定一致，每期还款均系冀某枝本人办理，前往银行存款或者手机操作存入银行账户，其以自己的行为履行了合同义务。第五，在贷款逾期后的催收录音方面，冀某枝认可贷款逾期。可见，从贷前、贷中、贷后阶段，冀某枝均知晓并认可贷款购车的事实，并以自身行为履行了合同义务。虽然，鉴定结论显示《抵押贷款合同》并非冀某枝签字，冀某枝否认收到涉案车辆，但《抵押贷款合同》已经成立并履行，对当事人具有约束力。

二、合同并非本人签字，是否免除当事人还款责任

《中华人民共和国民事诉讼法》第六十三条规定了鉴定意见作为证据的一种，但是并未规定鉴定结论是定案的直接、唯一证据。《最高人民法院关于适用〈中华人民共和国民事诉讼法〉的解释》第九十条第二款规定，在作出判决前，当事人未能提供证据或者证据不足以证明其事实主张的，由负有举证证明责任的当事人承担

不利的后果。第九十一条第一项规定，主张法律关系存在的当事人，应当对产生该法律关系的基本事实承担举证证明责任。经司法鉴定，《抵押贷款合同》并非冀某枝、胡某清本人签署，在此情况下，丰田金融公司应进一步举证证明双方成立金融借款合同关系。丰田金融公司提供录音光盘及文字资料、借款申请书、收入证明、借记卡账户历史明细清单、划款授权和承诺书、银行卡等证据，证明冀某枝以自身行为履行了合同义务，胡某清和冀某枝系夫妻，对贷款购车事宜知晓，合同对胡某清和冀某枝具有约束力，丰田金融公司提交的证据形成完整的证据链。此时丰田金融公司完成了合同成立且履行的义务，举证责任转移至胡某清和冀某枝，二人应进一步举证证明合同未成立未履行的证据，现二人未完成举证义务，应承担相应举证不能的后果，二人应承担相应的还款责任。

三、抵押贷款合同为何对胡某清具有约束力

胡某清与冀某枝系夫妻，上述贷款、还款及催收情况均发生于二人婚姻关系存续期间，冀某枝表示胡某清不清楚相关情况，此与一般生活经验不符，且上述贷款金额及用途均未明显超出夫妻家庭日常生活之必要，应属夫妻共同债务，胡某清应承担共同还款责任。

编写人：北京市朝阳区人民法院　马娇

12

来自其他银行的借款能否视为《贷款合同》项下约定的"收入"

——国贸商业公司诉东亚银行北京分行借款合同案

【案件基本信息】

1. 裁判书字号

北京市第三中级人民法院（2019）京03民终5259号民事判决书

2. 案由：借款合同纠纷

3. 当事人

原告（上诉人）：国贸商业公司

被告（被上诉人）：东亚银行北京分行

第三人：吉林国富公司

【基本案情】

2011年1月12日，国贸商业公司和吉林国富公司作为借款人与东亚银行北京分行签订《人民币抵押贷款合同》（以下简称《贷款合同》），约定：如提前还款来源为抵押物租金、销售收入，则借款人须缴付提前还款部分1.5%之款项作为还款手续费；若提前还款资金为其他收入，则借款人必须缴付提前还款部分3%之款项作为提前还款手续费。除上述情形外，任何未经贷款人事先同意的提前还款均构成本合同约定的违约情形。合同签订后，借款人将抵押物抵押给东亚银行北京分行并向其贷款。2014年秋，双方协商一致，东亚银行北京分行同意借款人提前偿还所有贷款。国贸商业公司将从其他银行贷来的款项存入其在东亚银行北京分行的账户，转入的金额与贷款本息及提前还款手续费的总和金额相当，用来偿还东亚银行北京分行的贷款。2014年9月29日，东亚银行北京分行从上述账户划出本金、利息及按照提前还款部分3%的标准计算的提前还款手续费，并出具《支账通知书》，告知国贸商业公司、吉林国富公司的贷款全部结清。

【案件焦点】

从合同解释的角度，来自其他银行的借款能否视为《贷款合同》项下约定的“收入”。

【法院裁判要旨】

北京市朝阳区人民法院经审理认为：关于银行借款能否视为《贷款合同》约定的“收入”的问题，根据通常解释，“收入”的内涵之一在于“资金的进账”，确与会计准则中收入的内涵不完全一致，但在理解合同条款时，需要从合同目的和合同整体内容角度，按照诚实信用的原则加以解释，一方面，订立提前还款费条款的目的，是保障合同履行以维护贷款人预期利益的意图与作用，存在提前还款的情形下，提前还款费条款具有损失填补的功能；另一方面，《贷款合同》约定了两种提前还款费比例，当还款的资金来源是抵押物租金、销售收入时比例为1.5%，当资金来源是其他收入时比例为3%，此处的“其他收入”应解释为系针对“抵押物租金、销售收入”的除外条款，依此解释，《贷款合同》中就提前还款费约定的两种比例标准一起构成了范畴周延的提前还款费条款。因此，将来自其他银行的借款解释为包含在“其他收入”的范畴内，更加符合合同内容的整体逻辑；如果将来自其他银行的借款排除在“其他收入”的范畴外，则该种形式的还款不符合贷款约定的提前还款形式，构成违约事件，借款人需承担相当于提前还款金额5%的违约金，此种情形对于借款人明显更为不利，对格式条款有两种以上解释的，应当作出不利于提供格式条款一方的解释，据此，在本案中，将来自其他银行的借款解释为属于“其他收入”的范畴，并无不当。综上，从合同解释及平衡保护当事人利益的角度，就本案《贷款合同》而言，来自其他银行的借款在项下应解释为“其他收入”。

北京市朝阳区人民法院依照《中华人民共和国合同法》第六条、第四十一条、第一百零七条、第一百二十五条，《最高人民法院关于民事诉讼证据的若干规定》第二条之规定，判决：

驳回国贸商业公司的诉讼请求。

国贸商业公司不服一审判决，提起上诉。

北京市第三中级人民法院经审理同意一审法院裁判意见，依照《中华人民共和国民事诉讼法》第一百七十条第一款第一项规定，判决：

驳回上诉，维持原判。

【法官后语】

本案中，国贸商业公司以银行贷款不属于会计准则中的收入为由，认为不符合《贷款合同》约定，不应当支付提前还款手续费。诚然，合同中的词语在不同专业领域内涵不尽相同，在对合同条款理解产生争议时，应当结合合同词语的通常释义、合同的有关条款、合同的目的、交易习惯以及诚实信用原则进行解释。一是采用合同词语的通常释义，这是解释条款时最直接的方式。当词语本身有不同含义或在不同领域有不同释义时，应当结合文本的性质进行解释。本案中，签订《贷款合同》对贷款事宜双方的权利义务进行约定，而非财务、审计或会计方面的报告，完全按照会计准则理解《贷款合同》中的“收入”显然不合理。二是结合合同目的解释。合同条款不能穷举所有词语内涵，因此应当结合合同及相关条款的目的。本案中，银行希望借款人按照约定履行合同，若提前还款，银行预期的收益将会减少，因此约定提前还款费用来弥补损失，以维护交易的可预期性及稳定性。探寻到此目的后可得知，无论提前还款资金来源为何，都要收取提前还款费，如若有所区分，这种区分应当是周延的。三是结合交易习惯、诚实信用原则进行理解。交易习惯是指交易中已经广为人知的惯例，在合同条款约定不明或有漏洞，应当认为此交易习惯是合同的一部分从而对合同的漏洞进行弥补。银行在放贷中，为维护自身的期限利益，一般会约定提前还款费用，贷款人若以合同条款约定有歧义而拒绝支付，是不符合诚信原则的。四是相关法律规定。对于格式条款有两种以上解释的，应当作出不利于提供格式条款一方的解释。因此将银行贷款解释为《贷款合同》中的“其他收入”并无不当。

编写人：北京市朝阳区人民法院 肖扬

二、保　证

13

意向性约定担保不成立

——桂物储运集团诉莱纳汽车部件公司等借款合同案

【案件基本信息】

1. 裁判书字号

广西壮族自治区柳州市中级人民法院（2019）桂02民终2531号民事判决书

2. 案由：借款合同纠纷

3. 当事人

原告（上诉人）：桂物储运集团

被告（被上诉人）：鸿福机械制造公司、覃某裕、韩某

被告：莱纳汽车部件公司

【基本案情】

2016年6月6日，桂物储运集团与鸿福机械制造公司、覃某裕、韩某签订了一份《保证担保协议》。协议约定：桂物储运集团受让莱纳汽车部件公司的股权并向其出借经营资金；覃某裕保证莱纳汽车部件公司在交割股权前不存在尚未向桂物储运集团披露的债务和争议；如存在未披露的债务和争议，覃某裕必须予以解决，否则覃某裕赔偿桂物储运集团全部损失；鸿福机械制造公司、韩某对覃某裕保证的上述事宜以及桂物储运集团出借款项承担连带保证责任；保证期间为莱纳汽车部件公司向桂物储运集团披露债务或争议起两年。

2016年8月2日，桂物储运集团与莱纳汽车部件公司签订一份《借款协议》。协议约定：桂物储运集团向莱纳汽车部件公司提供最高额不超过2000万元的经营借款；桂物储运集团提出还款要求时，莱纳汽车部件公司应立即还款；逾期还款的，每月应按借款本金及利息的1%支付违约金。

2016年8月3日至2018年8月21日，桂物储运集团共向莱纳汽车部件公司提供借款3287.9396万元。二审期间，莱纳汽车部件公司与桂物储运集团认可截至2019年9月26日。莱纳汽车部件公司尚欠桂物储运集团借款本金1548.510575万元和违约金44.345637万元；韩某自愿承担连带清偿责任。

【案件焦点】

案涉《保证担保协议》经合同双方当事人签字或盖章，约定的保证担保是否成立。

【法院裁判要旨】

广西壮族自治区柳州市柳北区人民法院经审理认为：案涉《保证担保协议》在法律属性上当属意向性约定，该意向的落实，尚需具体的借款事项发生后由当事人另行签订符合担保合同成立要件的合同。由于当事人未对《保证担保协议》中的所谓担保条款予以有效补正或者重新订立保证合同，因此桂物储运集团与鸿福机械制造公司、覃某裕、韩某之间的担保法律关系并未成立，不能产生担保法律效力。

广西壮族自治区柳州市柳北区人民法院依照《中华人民共和国民法总则》第一百三十条，《中华人民共和国担保法》第五条第一款、第六条、第十五条之规定，判决：

一、莱纳汽车部件公司应于本判决生效之日起十日内向桂物储运集团偿还借款17790567.9元并支付违约金（违约金从2018年11月1日起开始计算，每月支付177905.68元，直至款项付清之日止）；

二、驳回桂物储运集团的其他诉讼请求。

桂物储运集团不服一审判决，提起上诉。

广西壮族自治区柳州市中级人民法院经审理认为：法院对于一审法院关于案涉《保证担保协议》对借款担保的约定属于意向性约定的认定予以认可。由于桂物储运集团及莱纳汽车部件公司二审期间对借款本金及违约金达成新的共识，以及韩某二审期间作出愿意承担连带清偿责任的意思表示，因此法院对一审法院的判决作相应调整。

广西壮族自治区柳州市中级人民法院依据《中华人民共和国民事诉讼法》第一百七十条第一款第二项之规定，判决：

一、撤销广西壮族自治区柳州市柳北区人民法院（2018）桂0205民初4970号民事判决；

二、莱纳汽车部件公司向桂物储运集团偿还借款本金1548.510575万元，并支付违约金44.345637万元（该部分违约金已计算至2019年9月26日，2019年9月26日之后的违约金，以尚欠的借款本金为基数，按照1%/月的标准，计付至债务清偿之日）；

三、韩某对上述第二项债务承担连带清偿责任；

四、驳回桂物储运集团的其他诉讼请求。

【法官后语】

《中华人民共和国民法典》第四百九十条第一款规定："当事人采用合同书形式订立合同的，自当事人均签名、盖章或者按指印时合同成立……"笔者想分析的是案涉《保证担保协议》已经过合同双方当事人签字或盖章，协议中约定的保证担保仍不能成立的原因。

一、案涉《保证担保协议》作为从合同在主合同《借款协议》签订前就先行签订，是否是导致保证担保不成立的原因

保证属于债的担保的种类之一，债的担保具有从属性，以主债的存在或者将来存在为前提，随着主债的消灭而消灭。担保合同的从属性是由其法律地位决定的，保证合同与主债务合同签订的先后顺序并不影响保证合同作为从合同的地位，保证合同对于将来成立的主合同也可以成立保证担保。案涉《保证担保协议》虽然在主合同《借款协议》签订前就先行签订，但不影响保证担保的成立。

二、案涉《保证担保协议》不完全具备法律规定的内容，是否是导致保证担保不成立的原因

《中华人民共和国民法典》第六百八十四条沿用了《中华人民共和国担保法》第十五条规定，规定："保证合同的内容一般包括被保证的主债权的种类、数额，

债务人履行债务的期限，保证的方式、范围和期间等条款。”案涉《保证担保协议》并不完全具备上述法律规定的内容。但是，保证合同中履行债务的期限、保证的方式、保证担保的范围、保证的期间没有约定时，当事人可以根据《中华人民共和国民法典》的相关规定予以确定。如保证方式没有约定的，按照《中华人民共和国民法典》第六百八十六条之规定，当事人在保证合同中对保证方式没有约定或者约定不明确的，按照一般保证承担保证责任。需要注意的是，这一规定颠覆性地改变了《中华人民共和国担保法》第十九条的规定，即对于当事人对保证方式没有约定或者约定不明确的，不再将保证人的保证方式推定为连带责任保证而推定为一般保证。保证的范围没有约定的，按照《中华人民共和国民法典》第六百九十一条的规定，保证担保的范围包括主债权及利息、违约金、损害赔偿金和实现债权的费用；保证期间没有约定的，按照《中华人民共和国民法典》第六百九十二条之规定确定保证期间。需要注意的是，《中华人民共和国民法典》第六百九十二条统一规定了没有约定或者约定不明确的，保证期间为主债务履行期限届满之日起六个月，不再区分规定保证期间没有约定和约定不明这两种情形下不同的保证期间。因此案涉《保证担保协议》不完全具备法律规定的内容，不是导致保证担保不能成立的原因。

三、案涉《保证担保协议》没有明确主债权的数额，属于意向性的约定，是导致保证担保不能成立的原因

案涉《保证担保协议》关于“鸿福机械制造公司、韩某对覃某裕保证的上述事宜以及桂物储运集团出借款项承担连带保证责任”的约定，并没有明确被保证的主债权的数额，在法律属性上属于意向性约定。该意向的落实，尚需具体的借款事项发生后由当事人另行签订担保合同，只有能够明确主债权数额的担保合同签订后，才能产生担保法律责任。

从2016年6月6日签订《保证担保协议》至2016年8月2日签订《借款协议》，没有证据证明鸿福机械制造公司参与了桂物储运集团与莱纳汽车部件公司的借款磋商过程，桂物储运集团也没有在《借款协议》签订后及时告知鸿福机械制造公司主债权的数额，即径行向莱纳汽车部件公司支付借款。桂物储运集团与莱纳汽车部件公司的行为不仅剥夺了鸿福机械制造公司对主债权数额的知情权，也使得桂物储运集团与莱纳汽车部件公司可以以自己的意志决定鸿福机械制造公司的义务范

围。因此，如果意向性的约定能够成立的话，明显违反公平、公正以及当事人意思自治原则。

编写人：广西壮族自治区柳州市柳北区人民法院　卓小萍

14

非金融机构开具“独立保函”的效力

——中铁十八局诉信德唯公司保证合同案

【案件基本信息】

1. 裁判书字号

北京市第一中级人民法院（2019）京01民终2754号民事判决书

2. 案由：保证合同纠纷

3. 当事人

原告（上诉人）：中铁十八局

被告（被上诉人）：信德唯公司

第三人：怡基公司

【基本案情】

2013年8月20日，主包商与中铁十八局（分包商）就某项目工程签订《分包合同》。2014年7月22日，中铁十八局科威特公司（承包商）与怡基公司（分包商）就前述《分包合同》项下项目签订了《钢结构分包合同》，约定：承包商将《分包合同》项下工程中的钢结构工程分包给分包商，合同包干价为KD701104.20，分包商应以无条件保函信件形式向承包商出具一份履约保函，金额为KD70110.42，保函形式应为中国的银行或保险公司提供保函；分包商还需提交由中国银行或保险公司提供银行的金额为合同额的20%（即KD140220.84）的预付款保函或保证信函，其条款应被承包商确认接受，其后，承包商向分包商支付相应预付款。

怡基公司与信德唯公司分别签订《承包商履约委托保证合同》《预付款委托保

证合同》，约定由信德唯公司以连带保证方式向发包人提供工程履约担保及预付款担保；保证范围为怡基公司未履行主合同约定的义务给发包方造成的实际损失；信德唯公司需在怡基公司支付担保费之日起1日内向发包人出具《承包商履约保函》及《承包商预付款保函》。

信德唯公司向中铁十八局科威特公司（发包方）分别出具《预付款保函》及《履约保函》。其中，《预付款保函》载明：信德唯公司承诺在收到发包方的书面索赔通知时，信德唯公司将立即支付索赔金额（最高限额不超过KWD140220.84），不论就基础合同有任何争议，或者怡基公司要求信德唯公司不予支付；本保函受中华人民共和国法律约束及解释。《履约保函》载明：保证人保证在收到受益人于保函有效期内提交的索赔文件及承包人未履行上述合同的书面索赔证明及本保函正本后7个工作日内，向受益人偿付金额不超过KWD70110.42的履约保证金；本保函适用于中华人民共和国法律。

审理中，中铁十八局与怡基公司均确认钢结构分包合同已无法继续履行，但双方就合同履行不能的责任问题尚未达成一致。

信德唯公司在出具涉案保函时不具有相应《融资性担保机构经营许可证》，信德唯公司亦确认其不具有金融机构的相关资质与牌照。

【案件焦点】

《预付款保函》和《履约保函》是否构成“先付款，后争议”的独立保函。

【法院裁判要旨】

北京市海淀区人民法院经审理认为：本案所涉《预付款保函》及《履约保函》不宜认定为独立保函，理由如下：

首先，中铁十八局与怡基公司签订的《钢结构分包合同》中约定，怡基公司需要向中铁十八局提供的保函是“由中国银行或保险公司提供”的银行保函或保证信函，本案中，出具《预付款保函》和《履约保函》的信德唯公司显然不属于“银行或保险公司”的范围；其次，本案所涉《预付款保函》和《履约保函》的开立人并非银行，亦非有权经营融资性担保业务的非银行金融机构，其出具的《预付款保函》和《履约保函》缺乏可适用《关于审理独立保函纠纷案件若干问题的规定》来确认其独立性的依据；再次，本案所涉《预付款保函》及《履约保函》系依怡基公司的申请开立，但怡基公司因申请开立保函而与信德唯公司签订的两份“委托保证合同”中，载明的保证范围均为怡基公司未履行主合同约定的义务给中铁十八局造成的实际损失，保证方式均为“连带保证”，以上内容与独立保函性质特征不相符；最后，中铁十八局确认其未按照合同约定向怡基公司支付全部预付款，但其在本案中向信德唯公司主张的预付款数额却为其按照合同应当向怡基公司支付的全部预付款，同时，《钢结构分包合同》履行不能的相关责任尚不明确，中铁十八局是否享有索赔的权利尚无定论，此时中铁十八局要求信德唯公司向其支付相应款项的主张有失公允。

综上，法院认为本案所涉《预付款保函》及《履约保函》不宜认定为适用《独立保函规定》的独立保函。在此情况下，中铁十八局依据《预付款保函》及《履约保函》直接要求信德唯公司支付相应款项及利息的诉讼请求，缺乏事实和法律依据，法院不予支持。

北京市海淀区人民法院依照《中华人民共和国合同法》第五条，《中华人民共和国担保法》第二条第二款、第六条，《最高人民法院关于审理独立保函纠纷案件若干问题的规定》第一条第一款、第三款，《中华人民共和国民事诉讼法》第六十四条之规定，判决：

驳回中铁十八局的全部诉讼请求。

中铁十八局不服一审判决，提起上诉。

北京市第一中级人民法院经审理同意一审法院裁判意见，依照《中华人民共和国民事诉讼法》第一百七十条第一款第一项之规定，判决：

驳回上诉，维持原判。

【法官后语】

独立保函具有不依赖基础合同独立性和“单证相符”的单据性特点，因此，独立保函不同于我国传统担保法律体系中以从属性为基本特征的担保形式，其在商事实践中的运用也容易产生欺诈和滥用权利等现象。但独立保函所附带的金融性、便利性、高效性等特点，使得其在商事交易，尤其是国际商事交易中被大量使用。为正确审理实践中发生的独立保函纠纷，最高人民法院制定了《最高人民法院关于审理独立保函纠纷案件若干问题的规定》，将独立保函规定为“银行或非银行金融机构作为开立人，以书面形式向受益人出具的，同意在受益人请求付款并提交符合保函要求的单据时，向其支付特定款项或在保函最高金额内付款的承诺”。

前述规定出台后，非金融机构的担保公司等主体开立的“独立保函”的效力，在理论与实践中主要存在两种观点。

第一种观点认为，当事人可通过约定，对担保合同的效力或从属性作出例外约定。第二种观点认为，担保的从属性不能通过约定排除，除法定的独立担保外，其他关于排除担保从属性的约定都不产生法律效力。

本案判决采用了第二种观点。最高人民法院于2019年11月发布的《全国法院民商事审判工作会议纪要》中亦采取了该种观点，其中明确规定：“从属性是担保的基本属性，但由银行或非银行金融机构开立的独立保函除外……银行或者非银行金融机构之外的当事人开立的独立保函，以及当事人有关排除担保从属性的约定，应当认定无效。但是，根据‘无效法律行为的转换’原理，在否定其独立担保效力的同时，应当将其认定为从属性担保。”

综上所述，实践中，审查有关独立保函效力问题时，应首先审查保函开立主体是否具有金融机构资质。

需要注意的是，《中华人民共和国民法典》第三百八十八条第一款规定，设立担保物权，应当依照本法和其他法律的规定订立担保合同。担保合同包括抵押合同、质押合同和其他具有担保功能的合同。担保合同是主债权债务合同的从合同。主债权债务合同无效的，担保合同无效，但是法律另有规定的除外。第六百八十二条第一款规定，保证合同是主债权债务合同的从合同。主债权债务合同无效的，保证合同无效，但是法律另有规定的除外。对比《中华人民共和国担保法》第五条第一款，《中华人民共和国民法典》在强调担保合同的从属性、主合同无效则从合同无效的同时，将该条规定的“担保合同另有约定的，按照约定”，更改为“法律另有规定的除外”，显然不允许当事人约定排除担保效力从属性。

事实上，《中华人民共和国民法典》颁布前，否定约定独立担保条款效力的规定，已散见于相关法律、纪要精神之中。《中华人民共和国物权法》第一百七十二条第一款规定：“设立担保物权，应当依照本法和其他法律的规定订立担保合同。担保合同是主债权债务合同的从合同。主债权债务合同无效，担保合同无效，但法律另有规定的除外。”否定了当事人关于排除物权担保从属性约定的效力。《全国法院民商事审判工作会议纪要》第五十四条进一步明确，“从属性是担保的基本属性，但由银行或者非银行金融机构开立的独立保函除外……银行或者非银行金融机构之外的当事人开立的独立保函，以及当事人有关排除担保从属性的约定，应当认定无效”。《中华人民共和国民法典》颁布后，通过第三百八十八条第一款、第六百八十二条第一款的统一表述，从法律层面明确否定当事人关于排除物权担保、保证担保合同从属性约定的效力。至此，关于约定独立担保条款效力之争在法律适用上终有定论，对于清除法律适用障碍、统一裁判尺度大有裨益。

编写人：北京市海淀区人民法院　刘雨

15

公司为他人担保的合同效力审查问题

——李某诉亿阳信通公司保证合同案

【案件基本信息】

1. 裁判书字号

北京市第一中级人民法院（2019）京01民终4630号民事判决书

2. 案由：保证合同纠纷

3. 当事人

原告（被上诉人）：李某

被告（上诉人）：亿阳信通公司

【基本案情】

2017年5月17日，亿阳集团与李某签订《借款合同》，约定：亿阳集团因经营或创业需要向李某借款，借款金额为7000万元。借款期限3个月，自2017年5月19日至2017年8月18日。借款利率为月利率1.8%。亿阳集团逾期偿还借款、支付利息，应向李某支付日0.05%的罚息。此后，亿阳信通公司与李某签订《保证合同》，约定：亿阳信通公司就上述借款向李某提供连带保证担保，保证范围为借款本金7000万元、利息、亿阳集团应支付的违约金、赔偿金和实现抵押权的其他费用（包括不限于诉讼费、评估费、拍卖费、律师费等），保证期间自本合同约定的用款期及期满后2年止。

2017年5月19日、22日，李某分别向亿阳集团支付4000万元、3000万元。

2017年8月18日，李某与中关村科技公司签订《委托保证合同》，约定：中关村科技公司为李某向北京市海淀区人民法院申请财产保全的4800万元资产，以保函的方式提供连带保证责任，李某应支付担保费、评审费144000元。

2018年8月21日，李某向海拓律师事务所支付律师费15万元。对此，李某称上述款项系其就本案纠纷委托海拓律师事务所代理而支付了律师费，该合同约定律师费30万元，协议签订之日起三日内支付15万元，本案作出裁判文书，生效后10日内支付15万元。

【案件焦点】

《保证合同》对亿阳信通公司是否发生法律效力。

【法院裁判要旨】

北京市海淀区人民法院经审理认为：《中华人民共和国公司法》的立法目的在于限制公司主体行为，防止公司的实际控制人或者高级管理人员损害公司、小股东或其他债权人的利益，公司对外担保应遵守的程序规定实质是内部控制程序，不能以此约束交易相对人，宜理解为管理性强制性规定。亿阳信通公司依据《中华人民共和国公司法》第十六条的规定主张保证合同无效，于法无据。亿阳信通公司应对涉案借款承担连带责任保证，保证范围为借款本金、利息、亿阳集团应支付的违约金、赔偿金和实现抵押权的其他费用（包括但不限于诉讼费、评估费、拍卖费、律师费等）。结合保证合同、借款合同的内容，上述抵押权的表述系笔误，应为债权。上述利息从广义上理解，既包括借款期间的利息、逾期还款的利息，也包括逾期罚息。李某已向亿阳集团出借7000万元，现借款期限已经届满，亿阳集团没有偿还借款本金、支付借款利息。同时，依照我国相关司法解释的规定，借款利息、逾期罚息、违约金、律师费、保全担保费的总和不应超过年利率24%。综上，李某要求亿阳信通公司承担连带保证责任向其支付借款本金4000万元、借款利息、逾期罚息的诉讼请求，予以支持，该利息的计算方式为以借款本金4000万元为基数，自2017年6月20日至实际付清之日止，按照年24%的标准计算。

北京市海淀区人民法院依照《中华人民共和国合同法》第八条、第五十二条、第一百零七条、第一百九十六条、第二百零七条，《中华人民共和国担保法》第六条、第十八条、第二十一条、第三十一条，《中华人民共和国公司法》第一条、第十六条，《最高人民法院关于适用〈中华人民共和国合同法〉若干问题的解释（二）》第十四条，《最高人民法院关于审理民间借贷案件适用法律若干问题的规定》第三十条，《最高人民法院关于适用〈中华人民共和国担保法〉若干问题的解释》第一百二十六条，《最高人民法院关于民事诉讼证据的若干规定》第二十五条第二款之规定，判决：

一、亿阳信通公司向李某承担连带保证责任，偿还李某借款本金4000万元，支付借款利息、逾期罚息（以借款本金4000万元为基数，自2017年6月20日至实际付清之日止，按照年24%的标准计算），于本判决生效之日起十日内付清；

二、亿阳信通公司承担上述保证责任后，有权向债务人亿阳集团追偿；

三、驳回李某的其他诉讼请求。

亿阳信通公司不服一审判决，提起上诉。

北京市第一中级人民法院经审理认为：《中华人民共和国合同法》第四十九条规定："行为人没有代理权、超越代理权或者代理权终止后以被代理人名义订立合同，相对人有理由相信行为人有代理权的，该代理行为有效。"第五十条规定："法人或者其他组织的法定代表人、负责人超越权限订立的合同，除相对人知道或者应当知道其超越权限的以外，该代表行为有效。"判断订立合同行为是否构成表见代理或者表见代表并对被代理人或者法人产生约束力，重要的考量因素是合同相对人是否善意、无过失，如果相对人在订立合同时未尽基本的审查和注意义务，则不符合表见代理或者表见代表的法律特征，在被代理人或者法人不予追认的情况下，合同对被代理人或者法人不产生约束力。《中华人民共和国公司法》第十六条第二款规定："公司为公司股东或者实际控制人提供担保的，必须经股东会或者股东大会决议。"亿阳信通公司在上海证券交易所公示的公司章程第五十五条第一款第五项规定："对股东、实际控制人及其关联方提供担保，需经股东大会审议通过。"亿阳信通公司为股份有限公司，亿阳集团系亿阳信通公司的股东，根据《中华人民共和国公司法》及亿阳信通公司章程上述规定，亿阳信通公司为亿阳集团债务提供担保，必须经过股东大会决议。本案无证据显示亿阳信通公司为亿阳集团对李某的债务提供担保经过了上述内部决议程序。作为上市公司，亿阳信通公司章程、对外担保决议情况均可在公开渠道查询，李某知道或者应当知道亿阳信通公司签署《保证合同》为亿阳集团债务提供担保，应当经过股东大会决议，李某没有依据《中华人民共和国公司法》第十六条和关于上市公司对外披露信息的相关规定，审查核实亿阳信通公司对外担保是否经过了股东大会的决议，具有过错，不属于善意相对人，亿阳信通公司对担保行为不予追认，并主张《保证合同》对其不发生效力，具有事实和法律依据，应予采信。一审判决亿阳信通公司对亿阳集团债务承担连带保证责任，适用法律错误，应予纠正。亿阳信通公司的上诉请求成立，应予支持。

北京市第一中级人民法院依照《中华人民共和国公司法》第十六条第二款，《中华人民共和国民事诉讼法》第一百七十条第一款第二项，判决：

一、撤销北京市海淀区人民法院（2017）京0108民初49922号民事判决；

二、驳回李某的全部诉讼请求。

【法官后语】

一、关于《中华人民共和国公司法》第十六条的规范性质

《中华人民共和国公司法》作为组织法，其规范既有组织规范，也有行为规范，《中华人民共和国公司法》第十六条属于组织规范的范畴，不能简单地将其归入管理性规定或效力性规定，该条限制的是法定代表人的代表权限，即法定代表人尽管可以一般地代表公司对外从事行为，但对于担保行为，因其涉及公司以及股东的重大利益，不是法定代表人所能单独决定的事项，而必须要以公司股东（大）会、董事会等公司机关的决议作为法定代表人代表权的基础和来源。法定代表人未经授权擅自为他人提供担保的，构成越权代表，应当根据《中华人民共和国民法典》第五百零四条的规定来认定其效力。

二、越权担保的效力

关于越权担保的效力，既要根据《中华人民共和国公司法》的相关规定判断是否构成越权，也要根据《中华人民共和国民法典》的相关规定来认定合同效力。一

方面，根据《中华人民共和国公司法》第十六条的规定，不论是关联担保还是非关联担保，都要经过公司决议程序来决定。因此，法定代表人未经公司决议程序擅自对外提供担保的，构成越权代表。另一方面，根据《中华人民共和国民法典》第五百零四条的规定，法人的法定代表人或非法人组织的负责人超越权限订立的合同，除相对人知道或者应当知道其超越权限外，该代表行为有效，订立的合同对法人或者非法人组织发生效力。缔约时相对人是善意的，构成表见代表，由公司承担担保责任；反之，缔约时相对人恶意的，则公司不承担担保责任。

三、未经公司决议，担保有效的例外情形

在没有公司决议的情况下，根据目前公司治理不规范的现实情况，对公司法定代表人或实际负责人所提供的担保，如果案件事实表明该担保是为了公司的利益，可以认定公司具有对外提供担保的真实意思表示。主要包括：(1) 公司是以为他人提供担保为主营业务的担保公司，或者是开展保函业务的银行或者非银行金融机构；(2) 公司为其直接或间接控制的公司开展经营活动向债权人提供担保；(3) 公司与主债务人之间存在相互担保等商业合作关系；(4) 担保合同系由单独或者共同持有公司三分之二以上有表决权的股东签字同意。

四、"善意"相对人的认定

所谓善意，指的是相对人对法定代表人超越代表权限的事实不知情。就善意的举证责任而言，一是在无公司决议的情况下，举证证明存在上述例外情形；二是在有决议的情况下，举证证明已对相关决议进行了形式审查。法定代表人尽管向相对人提供了形式上符合要求的决议，但在该决议实质上不合格甚至违法的情况下，有必要考察相对人是否履行了形式审查义务，从而认定其是否构成善意，确定是否应使用表见代表制度。相对人对决议内容的审查一般限于形式审查，只要求尽到必要的注意义务即可，标准不宜太过严苛。

五、关于民间借贷利息的规定的变化

新修订的《最高人民法院关于审理民间借贷案件适用法律若干问题的规定》2020年8月20起施行，最高人民法院严格落实《中华人民共和国民法典》第六百八十条"禁止高利放贷"的原则精神，将有关民间借贷利息的规定调整为：以中国人民银行授权全国银行间同业拆借中心每月20日发布的一年期贷款市场报价利率(LPR)的4倍为标准确定民间借贷利率的司法保护上限，取代了原规定中"以

24%和36%为基准的两线三区”的规定，从而大幅度降低了民间借贷利率的司法保护上限，促进民间借贷利率逐步与我国经济社会发展的实际水平相适应。

编写人：北京市海淀区人民法院 王焱

16

连带保证人受让其所担保的债权应认定为有效

——远望公司诉兴益公司等金融借款合同案

【案件基本信息】

1. 裁判书字号

江苏省江阴市人民法院（2019）苏0281民初6305号民事判决书

2. 案由：金融借款合同纠纷

3. 当事人

原告：远望公司

被告：兴益公司、吕某、黄某伟

【基本案情】

2017年11月22日，农商行与兴益公司签订《最高额抵押担保借款合同》，约定农商行向兴益公司提供最高余额不超过300万元的贷款，其中本金余额不超过250万元，借款年利率为7.5%。兴益公司自愿以其名下的房地产为借款提供抵押担保。借款人未按约归还贷款本金的，贷款人有权计收罚息和复利。因借款人违约致使贷款人采取诉讼方式实现债权的，借款人应当承担律师费等费用。借款借据为合同附件，具有同等法律效力。

借款合同签订后，农商行与兴益公司办理不动产登记证明，为兴益公司名下的土地设立抵押登记，担保债权分别为251万元和49万元，抵押权人为农商行。

2017年11月28日，农商行向兴益公司发放贷款250万元，借款借据载明借款利率7.5%，到期日为2018年11月27日。同日，远望公司与农商行签订《保证合同》，远望公司为兴益公司上述250万元借款提供连带责任保证，远望公司放弃兴益公司提供的物的担保的法定优先。同日，吕某、黄某伟向农商行出具《承诺书》，承诺对兴益公司的上述债务承担连带责任保证，最高债权限额为250万元，并承诺放弃兴益公司提供的物的担保的法定优先。

2019年4月2日，农商行与远望公司签订《债权暨抵押权转让协议》，约定农商行将其对兴益公司享有的债权本金及利息（含罚息、利息计至2019年4月1日）总计2649184.10元以及相应的抵押权、保证债权转让给远望公司，由远望公司向债务人追偿，并依法行使抵押权、保证债权，转让价款为2649184.10元。同日，远望公司付清转让价款后，农商行、远望公司向兴益公司、吕某、黄某伟分别邮寄债权转让通知书，告知其农商行已将上述债权、抵押权、保证债权转让给远望公司，要求其向债权人远望公司履行还款义务。

后兴益公司未向远望公司履行还款义务，吕某、黄某伟亦未承担保证责任，远望公司遂诉至法院。

【案件焦点】

1. 远望公司作为连带保证人受让其所担保的债权是否有效；2. 如远望公司受让债权的行为有效，则吕某、黄某伟是否应承担保证责任以及应承担何种保证责任。

【法院裁判要旨】

江苏省江阴市人民法院经审理认为：兴益公司截至2019年4月1日结欠农商行借款本息2649184.10元，并以其名下房地产提供抵押担保，远望公司、吕某、黄某伟提供连带保证担保的事实清楚、证据充分，法院依法予以确认。

对远望公司作为连带保证人能否受让其所担保的债权，法院认为，债权人可以将合同的权利全部或部分转让给第三人，但依据合同性质、当事人约定或法律规定不得转让的除外。本案中，合同性质为借款合同，当事人之间未有不得债权转让的约定，也无法律规定不得转让的情形，且远望公司系债权人、主债务人之外的第三人，故远望公司可以受让农商行对兴益公司的债权，兴益公司与农商行签订的《债权暨抵押权转让协议》合法有效。农商行与远望公司已将债权转让事宜通知兴益公司、吕某、黄某伟，故远望公司有权要求兴益公司归还借款本息、承担律师费损失并对兴益公司提供的抵押物优先受偿。

对吕某、黄某伟是否应承担保证责任及应承担何种保证责任，法院认为，远望公司受让其所担保的债权后，债权人与保证人混同，但如认定远望公司担保责任消灭，将影响其他连带保证人在承担保证责任后要求未承担责任的保证人清偿其应当承担的份额的权利，故远望公司的保证责任不因债权转让而消灭。对同一债务有两个以上连带保证人的，债权人可以要求任何一个保证人承担全部保证责任，保证人都负有担保全部债权实现的义务，故远望公司有权要求吕某、黄某伟对兴益公司的上述债务承担连带清偿责任。因吕某、黄某伟未到庭答辩，由此产生的不利后果由吕某、黄某伟承担。

江苏省江阴市人民法院依照《中华人民共和国合同法》第六十条、第七十九条、第二百零五条、第二百零六条、第二百零七条，《中华人民共和国担保法》第十八条、第二十一条，《中华人民共和国物权法》第一百七十六条，《中华人民共和国民事诉讼法》第一百四十四条之规定，判决：

一、兴益公司应于本判决发生法律效力之日起10日内归还远望公司借款本息2649184.10元及以本金250万元为基数自2019年4月2日起至实际给付之日止按年利率7.5%再上浮50%计算的逾期利息；

二、兴益公司应于本判决发生法律效力之日起10日内赔偿远望离公司律师费损失102475元；

三、对兴益公司的上述债务，远望公司有权以兴益公司名下的土地使用权以折价，或以拍卖、变卖的价款分别在251万元、49万元范围内按抵押顺位优先受偿；

四、吕某、黄某伟对兴益公司的上述债务在最高额250万元范围内承担连带清偿责任。

【法官后语】

实务中，对连带保证人能否受让其所担保的债权，以及如可以受让则其他连带保证人应承担的担保责任范围这一问题观点不一。第一种观点认为，连带保证人以支付转让款的方式受让其所担保的债权，实质是履行担保责任的行为，保证人履行担保责任后，应当享有的是对主债务人及其他连带保证人的追偿权，对主债务人向债权人提供的抵押物不享有优先权，亦不得要求其他连带保证人承担全部的保证责任。认可连带保证人可以受让担保债权，会加重主债务人和其他连带保证人的负担。第二种观点认为，连带保证人不是债权人和主债务人，债权转让属于当事人意思自治的范畴，只要不属于法律规定的不得转让的除外情形，连带保证人可以受让其所担保的债权。因债权转让，受让人成为新的债权人，与保证人身份混同，受让人的担保责任消灭，且受让人不可能起诉自己承担保证责任，故其余连带保证人承担的担保责任的范围应当直接扣除受让人应分担的份额。第三种观点认为，连带保证人可以受让其所担保的债权，理由同第二种观点，但债的混同不能影响第三人的权益，直接认定受让人与保证人身份混同将影响其他连带保证人的权利，在受让人未明示免除其自身保证责任的情况下，不能直接认定受让人的保证责任消灭，受让人及其他连带保证人仍应对所有债务承担连带担保责任。本案承办人赞同第三种观点，主债务人对债权人本应承担债务清偿责任及抵押担保责任，允许连带保证人受让其所担保的债权，并未加重主债务人的负担，在主债务人有其他债务的情况下能够更好地保护偿还债务的连带保证人的权益。至于其他连带保证人，可以要求受让人清偿其应当承担的份额，也可以在同案中向受让人提出抵销的诉讼主张来减轻其担保责任，故允许连带保证人受让担保债权，亦未加重其他连带保证人的负担。

《中华人民共和国民法典》对合同的履行及保证人在承担保证责任后所享有的权利义务的相关规定有所变化。笔者认为主要体现在：一是《中华人民共和国民法典》第七百条除规定保证人对债务人享有追偿权外，还增加规定了保证人享有债权人对债务人的权利，该部分与认可连带保证人可以受让其所担保的债权的效果相同，故连带保证人能否受让其所担保的债权这一问题已无争议，连带保证人当然可以受让其所担保的债权来取代债权人的地位。二是各连带保证人之间未有约定为连带共同保证的，《中华人民共和国民法典》取消了《中华人民共和国担保法》及司法解释关于保证人之间相互追偿的规定，即此时各连带保证人之间为不真正连带共同保证，各保证人之间不享有相互追偿的权利。本案中各保证人之间为不真正连带共同保证，受让人受让债权后，债权人与保证人身份混同，保证债权债务已消灭，受让人不得要求其他连带保证人承担担保责任。三是各连带保证人之间有明确约定为连带共同保证的，可以适用《中华人民共和国民法典》第五百一十九条关于连带债务的规则，保证人之间享有相互追偿权；但第五百二十条规定“部分连带债务人的债务与债权人的债权同归于一人的，在扣除该债务人应当承担的份额后，债权人对其他债务人的债权继续存在”，即其他连带保证人无须对全部债务承担保证责任，仅在扣除受让人需承担的保证份额后承担相应的保证责任。

编写人：江苏省江阴市人民法院　诸国新　华吉红

17

缺乏保证表示意思和效果意思的签名行为不能视为保证的承诺

——徐某诉赵某仁、张某娣保证合同案

【案件基本信息】

1. 裁判书字号

江苏省江阴市人民法院（2019）苏 0281 民初 5356 号民事判决书

2. 案由：保证合同纠纷

3. 当事人

原告：徐某

被告：赵某仁、张某娣

【基本案情】

2012 年 3 月 1 日，江苏省江阴市人民法院对（2012）澄华民初字第 0031 号徐某诉赵某某欠款案作出判决，判令赵某某偿还徐某龙骨款 728470 元。该案生效后，徐某申请执行，案号为（2012）澄执字第 2319 号，该执行案件未执行到财产，于 2012 年 12 月终结执行。2017 年 8 月 8 日，徐某和赵某某在江苏省江阴市人民法院执行局签订《执行和解协议》，约定内容如下：1. 赵某某将华益村中属于赵某某的两间房屋归徐某占有，将来如有拆迁补偿款归徐某所有，用于抵偿该欠款。2. 赵某某于 2017 年春节前归还徐某 10000 元，从 2018 年起每年春节前归还 30000 元，

至还清为止。次日，徐某夫妇至赵某某父母赵某仁和张某娣家中，当时赵某仁不在家。徐某妻子让张某娣在《执行和解协议》的下部空白处书写了如下文字，“同意赵某某的以上各款，连带责任但保人”，张某娣在其后签名按指印，并代赵某仁签名。后徐某夫妇又在外找到赵某仁，让赵某仁在协议底部签名按指印。上述签字过程赵某某均在场，但赵某某、徐某夫妇均未向两位老人解释签字的意思及法律后果，徐某也不清楚两位老人是否识字，不确定两位老人是否看了协议内容。由两位老人签字的协议仅一份，一直由徐某持有。2017 年年底，徐某联系赵某某要求其按期归还欠款，赵某某告知徐某其将 1 万元交给了张某娣，由徐某妻子从张某娣处收回 1 万元。此后，徐某未收回任何款项，遂诉至法院。

另查明，赵某仁文化程度为文盲或半文盲，最初在外打工，后在煤矿井下挖煤直至退休，现每月养老金为 3672 元。张某娣文化程度为小学，最初干农活，后在村里小作坊纺纱，五十几岁后一直在家，现无工作收入，无社保退休金。

【案件焦点】

赵某仁、张某娣在《执行和解协议》上的签名是否可以认定为其作出保证的意思表示。

【法院裁判要旨】

江苏省江阴市人民法院经审理认为：本案《执行和解协议》的协议双方为徐某与赵某某，该协议就赵某某如何履行生效判决书的给付义务进行了两项约定，协议第二条约定赵某某于 2017 年春节前还徐某 1 万元，从 2018 年起每年春节前归还 3 万元，至还清为止。此协议系赵某某的真实意思表示，不违反法律规定，对赵某某具有约束力。徐某可依据此协议或原判决要求赵某某履行给付义务。徐某为确保其债权实现，又在次日让张某娣在协议后面书写“同意赵某某的以上各款，连带责任但保人”，并叫张某娣及赵某仁签字。由于两位老人签字并未在执行法官的组织下进行，签字后的协议也未入执行卷宗，故该协议并非执行过程中形成的法律文书，并不具备当然的执行效力。依据本案实际情况，两位老人不应承担徐某所主张的连带清偿责任，理由如下：

一、基于民事活动的诚实信用原则，善意的权利人要求第三方承担担保责任时应作出明确的意思表示，并确保担保人知晓法律后果徐某在《执行和解协议》签订后次日找两位老人签字，从其起诉目的来看，旨在让两位老人对赵某某所负债务 718470 元承担连带清偿责任，即将不相关但沉重的债务加于两位老人身上。作为善意的民事主体，徐某在扩大自己权利并加重他人责任时，应当依据诚实信用原则将签字作为担保人的意思、法律后果进行告知，但徐某并未作出任何告知和解释，对两位老人是否看过《执行和解协议》也不确认，相反在劝两位老人签字时，所作的意思表示含糊不清，明显淡化了签字的责任，甚至误导了两位老人，未尊重两位老人应有的知情权，在两位老人权利意识模糊的情况下让其完成了签名按手印的行为，有违诚实信用原则。

二、担保人承担责任应基于其作出了自愿担保的真实意思表示

本案《执行和解协议》所列当事人仅有“申请执行人徐某”及“被执行人赵某某”，并未列担保人，两位老人对该协议的签订不在场也不知情，并未主动要求承担担保责任，只是在徐某夫妇的要求下签字，且开始明显有本能的拒绝，可见其并无主动担保的意愿。赵某仁是耄耋之年，文化程度是文盲或半文盲，张某娣已年过古稀，文化程度是小学文化，即使在徐某妻子的指导下也错将“担保人”写成“但保人”，两位老人的人生经历也表明其没有多少文化与法律知识，以上事实均表明两位老人对其所写文字及签名的法律内涵、后果并不清楚。且两位老人均已退休，两人每月收入加起来已难以负担其生活支出及治病之需，其并无能力担保赵某某的巨额债务逐年归还，两位老人称其签字时并不知道是要还款，符合签字时在场当事人的陈述，符合情理。依据两位老人的行为、年龄、文化水平，不能认定两位老人作出了自愿担保的真实意思表示。

综上，双方在缔结连带保证法律关系时，徐某发出的担保合同要约内容并不具体确定，也没有表明两位老人需受还款责任的约束，非有效的要约，且其行为有违诚实信用原则，而两位老人的签字行为并不能推定为同意担保还款的意思表示，非有效的承诺，故双方未形成有效的担保合同关系，徐某的诉讼请求缺乏事实与法律依据，不予支持。

江苏省江阴市人民法院依照《中华人民共和国民法总则》第五条、第六条、第七条，《中华人民共和国担保法》第三条，《中华人民共和国合同法》第六条、第十三条、第十四条之规定，判决：

驳回徐某的诉讼请求。

【法官后语】

执行过程中，在被执行人无法履行生效法律文书确定的义务时，申请人与被执行人协商由被执行人的配偶、父母、子女等近亲属承担保证责任代为偿还债务的情况时有发生。被执行人近亲属承担保证责任应以其作出保证的真实意思表示为前提，不应仅凭被执行人近亲属的签名和书写的相关文字认定其承担相应的保证责任。

当事人订立合同，采取要约、承诺方式，合同的成立应以各方当事人意思表示一致为前提。意思表示的成立需同时具备内心意思和表示行为两个要件，其中内心意思包括行为意思、表示意思、效果意思。行为意思是指表意人自觉控制自己行为的意思，表示意思是指行为人认识其行为具有法律意义的意思，效果意思是指行为人欲依其表示发生特定法律效果的意思。

债权人与债务人近亲属订立保证合同时，在债权人明知债务人近亲属年事已高、文化程度较低的情况下，债权人应当向债务人近亲属明确说明提供保证的意义和法律后果，明确告知债务人近亲属书写相关文字和签名即视为对债务人的债务承担保证还款责任的承诺。若债权人未作明确说明和告知，债务人近亲属在不理解保证内容、意义和法律后果的情况下，其书写相关文字和签名的行为，并不具备保证的内心表示意思和效果意思，不应视为其作出了提供保证的真实意思表示，债权人与债务人近亲属之间缺乏意思表示的一致性，因此保证合同不能成立。本案中，申请人和被执行人在明知被执行人父母文化程度较低且偿债能力有限的情况下，并未说明在和解协议上签名和书写相关文字系承担保证责任代为履行债务的法律后果，违反了诚实信用的法律原则，也背离了尊老孝亲的道德要求。被执行人父母签名和书写相关文字的行为不能推定为其愿意提供保证的真实意思表示，法院判决驳回徐某的诉讼请求，兼顾了法理和情理，树立了良好的社会价值导向。

编写人：江苏省江阴市人民法院　俞拥军　高雅静

18

保证合同不因保证人涉嫌非法吸收公众存款而当然无效

——姬某英诉张某民保证合同案

【案件基本信息】

1. 裁判书字号

北京市第一中级人民法院（2019）京01民终5665号民事判决书

2. 案由：保证合同纠纷

3. 当事人

原告（被上诉人）：姬某英

被告（上诉人）：张某民

【基本案情】

2016年9月7日，将军红公司（甲方）与姬某英（乙方）签订《借款协议书》，协议书中约定甲乙双方就甲方向乙方借款，用于集团旗下黄山徽州文化园二期项目建设、成都及重庆农超对接（筹）等项目建设。甲方向乙方借款的金额为20万元整，借款期限为一年，自2016年9月7日至2017年9月6日。甲方向乙方借款，按照借款金额的14%计2.8万元支付年利息，满整年到期5个工作日内支付一次。借款期满5个工作日内本金利息一次性还清。关于违约责任，双方约定，在协议有效期内，甲乙双方均不得要求提前或延期解除协议（如遇法定节假日顺延），如有违反，违约方须按借款金额的8%作为违约金赔付给守约方。将军红公司在甲方处盖合同专用章，姬某英在乙方处签字。同日，将军红公司出具收据，确认收到姬某英20万元，收款方式：续，收款事由：筹建资金（一年期）。

同日，张某民、杨某强签署担保书，为将军红公司就借款事宜提供担保，担保姬某英借给将军红公司20万元整的本金与利息于合同期满日准时如数一次性归还。担保书约定如未能按时还本付息，从延误之日起由担保人负责按本金与利息总额的

8%作为违约金进行赔付。担保如违约，担保人愿以公司的直接责任人身份承担相应责任，并授权银行，从本人开立的所有银行账户存款中扣收全部借款资金并收取逾期利息。张某民、杨某强在担保人处签字。

2016年10月18日，北京市公安局东城分局作出京公东经立字（2016）000654号《立案决定书》，对将军红公司涉嫌非法吸收公众存款立案侦查。

二审期间，张某民提交如下新证据材料：北京市公安局东城分局2019年6月11日作出的京公东取保字［2019］00295号《取保候审决定书》，证明张某民因涉嫌非法吸收公众存款被取保候审，本案涉及刑事案件，因将军红公司非法集资，张某民被取保候审。

【案件焦点】

张某民签署的保证书是否因其涉嫌非法吸收公众存款被公安机关立案侦查的而无效。

【法院裁判要旨】

北京市海淀区人民法院经审理认为：有关担保书的效力问题，担保书作为主合同《借款协议书》的从合同，主合同效力影响担保合同效力。张某民否认《借款协议书》的真实性，认为与其无关，但认可协议由将军红公司出具，张某民出具的担保书中亦对姬某英出借将军红公司的借款金额进行了明确，故确认《借款协议书》的真实性。此外，《借款协议书》的债务人将军红公司因涉及非法吸收公众存款被立案侦查，并不直接影响其与姬某英签署的《借款协议书》的效力，《借款协议书》反映了双方当事人的真实意思表示，且内容未违反法律、行政法规的效力性强制性规定，应属有效。就担保书而言，张某民认可签字系其本人所签，但称其系受欺骗且有痴呆，并非本人意愿的体现，张某民未就此举证证明，不予采信。因此，担保书反映了张某民的真实意思表示，张某民与姬某英之间形成保证合同关系，该法律关系未违反法律、行政法规的效力性强制性规定，应属有效。将军红公司刑事案件的审理结果不影响本案的审理，张某民辩称本案应中止审理，法院不予采信。法院认定《借款协议书》的20万元已经实际出借。张某民签署的担保书明确了担保范围为20万元借款本金及利息。张某民在担保书中未明确保证方式，故保证方式应为连带保证责任。本案主债务履行期于2017年9月6日届满，担保书未对保证期间作出约定，故张某民的保证期间为主债务履行期届满之日起六个月，而姬某英在此期间内已提起诉讼，故张某民的保证责任不能免除。将军红公司未依约还本付息，张某民应按照担保书的约定对其担保的借款本金20万元及利息向姬某英承担连带担保责任。

北京市海淀区人民法院依照《中华人民共和国合同法》第八条，《中华人民共和国担保法》第五条、第十八条第二款、第十九条、第二十一条第一款、第二十六条，《最高人民法院关于审理民间借贷案件适用法律若干问题的规定》第二十九条第二款第二项、第三十条之规定，判决：

一、张某民于判决生效后十日内向姬某英偿还借款本金20万元并支付利息（利息以20万元为基数，按照年利率14%，自2016年9月8日起计算至实际支付之日止）；

二、张某民于判决生效后十日内向姬某英支付违约金18240元。

张某民不服一审判决，提起上诉。

北京市第一中级人民法院经审理认为：《最高人民法院关于审理民间借贷案件适用法律若干问题的规定》第十三条规定："借款人或者出借人的借贷行为涉嫌犯罪，或者已经生效的判决认定构成犯罪，当事人提起民事诉讼的，民间借贷合同并不当然无效。人民法院应当依据《中华人民共和国合同法》第五十二条以及本规定第十四条之规定，认定民间借贷合同的效力。担保人以借款人或者出借人的借贷行为涉嫌犯罪或者已经生效的判决认定构成犯罪为由，主张不承担民事责任的，人民法院应当依据民间借贷合同与担保合同的效力、当事人的过错程度，依法确定担保人的民事责任。"本案中，将军红公司虽因涉嫌非法吸收公众存款被立案侦查，但姬某英与将军红公司签订的《借款协议书》以及张某民出具的《担保书》并非当然无效，现张某民并未提供证据证明姬某英在出借款项时即已得知将军红公司借款用于违法犯罪活动，亦未提供证据证明《借款协议书》和《担保书》存在应被认定无效的其他情形，同时，张某民认可其被公安机关取保候审并非基于出具案涉《担保书》，故张某民上述主张缺乏事实和法律依据。本案中，姬某英系依据张某民出具的《担保书》要求其承担保证责任，与《借款协议书》属不同法律关系，张某民依据《担保书》承担保证责任，并非必须以将军红公司、张某民是否存在非法吸收公众存款的事实为依据，故张某民关于应中止本案审理的主张缺乏事实和法律依据。《担保书》并未约定张某民承担保证责任的方式，故其应就诉争债务承担连带保证责任，姬某英有权单独就张某民承担保证责任提起本案诉讼。

北京市第一中级人民法院依照《中华人民共和国民事诉讼法》第一百七十条第一款第一项规定，判决：

驳回上诉，维持原判。

【法官后语】

一、非法吸收公众存款罪中具体借贷合同并非当然无效

民间借贷是非金融机构之间进行资金融通的主要途径，如其概念所示，该资金融通行为系自发的、非官方的、难以通过国家金融体系调控的金融行为，具有任意性强、规范性差以及不利于监管的特点，特别是在当前国家实行金融行业准入制度的形势下，民间借贷往往游走于金融体制的边缘地带，对金融秩序和经济安全构成一定威胁。主要体现在借款人以非法吸收公众存款、集资诈骗的形式违法从事金融业务，放大经济风险。审判实践中，以民间借贷为表象，实质为未经批准非法吸收或变相非法吸收公众存款的行为并不少见，且已经实际对公民财产安全和国家经济秩序构成影响。非法吸收公众存款行为已被界定为刑事犯罪行为，大量与民间借贷行为交叉。非法吸收公众存款罪更多表现为犯罪嫌疑人与不特定多数公众存在一系列的借贷合同，因此该罪名项下的犯罪行为涉及非法吸收存款参与人的多个合同，呈现出罪名整体化与行为分散化的特点，即从事非法吸收公众存款行为的主体系违反市场准入制度构成犯罪，但参与存款的主体，除却以放贷为业的情况，并未违反前述制度，且一般而言，出借人之间对于向借款人出借款项一节并无合意，对于出借人而言，其出借行为亦对国家经济秩序和金融秩序没有直接影响，同时，当前环境下，民间借贷行为具有商事行为特征，一概认定出借人与犯罪嫌疑人的借贷合同无效，不利于对商事行为及交易规则的保护，故不宜对与具体借贷合同认定为无效合同，更不应认定为共同犯罪行为。

二、以民间借贷形式体现的非法吸收公众存款犯罪行为涉及的保证或担保法律关系，并非因借款人的犯罪行为而免除保证责任

在《最高人民法院关于审理民间借贷案件适用法律若干问题的规定》颁布前，司法实践对于涉及刑事犯罪的民事合同多做无效认定的处理，亦将基于该合同而产

生的担保合同做无效认定，在规定生效后，看似对于担保合同效力有了相对独立性的认定规则，但实则基于主合同并非因当事人涉及刑事犯罪而当然无效的前提，进而对保证合同效力进行的规范。如前所述，在借款人涉嫌非法吸收公众存款被采取刑事强制措施，甚至被刑事裁判文书认定构成犯罪的情况下，借款人与出借人签订的借贷合同并非当然无效，据此，对该借款合同提供担保的担保合同，除非具有《中华人民共和国民法典》规定的无效情形，否则不应否定其合同效力。在借贷合同被确认无效后，依据《中华人民共和国民法典》第六百八十二条“保证合同是主债权债务合同的从合同。主债权债务合同无效的，保证合同无效，但是法律另有规定的除外。保证合同被确认无效后，债务人、保证人、债权人有过错的，应当根据其过错各自承担相应的民事责任”的规定，担保合同亦应被确认无效，但就此是否免除保证人的保证责任，则应依据保证人的过错程度认定其责任承担的范围，在此需要考虑的，其实是保证人与借款人之间是否对借款合同的无效存在共同过错，因为保证合同无效，系因法律规定的主从合同效力认定规则所致，如保证人与借款人的犯罪行为并无关联，甚至保证人签订保证合同亦因借款人的诈骗、胁迫等犯罪行为所致，则保证人对于合同无效的后果并无过错，理应免除保证责任，反之，应根据其过错程度认定责任范围。

三、借款人和保证人均涉嫌非法吸收公众存款时，保证人并非当然免除保证责任

实践中，借款人和保证人均属非法吸收公众存款犯罪的嫌疑人，即可能认定为该犯罪行为的共犯，而保证人承诺就借款承担保证责任，保证人常以借款合同涉嫌经济犯罪而主张中止对民事案件的审理，以及免除其保证责任。本案中，张某民即提出该种抗辩，而根据已经查明的事实，张某民为免除其保证责任，以其系将军红公司非法吸收公众存款案件犯罪嫌疑人为由，主动到公安机关自首，公安机关亦对其采取了强制措施。但是，据此并不能认定出借人与借款人之间的合同以及出借人与保证人的保证合同因借款人存在犯罪嫌疑而无效，就本案而言，将军红公司虽然涉嫌非法吸收公众存款被刑事侦查，但姬某英作为出借人并未参与吸收存款行为，而张某民在姬某英向将军红公司出借款项以及将军红公司续借款项时并未提供担保，而是在借款后对债务承诺承担保证责任，该行为亦非将军红公司非法吸收公众存款的手段，故借款合同和保证合同不存在应被认定无效的情形，即将军红公司和

张某民的犯罪嫌疑并非认定合同效力的依据。需要注意的是，借款人以外的涉嫌非法吸收公众存款的人员，在借款人无法偿还借款的情况下，对出借人做出承诺清偿借款的意思表示时，该承诺并非对债务进行的担保，而是债务加入或债务承担，与借款合同并非从主合同的关系，故不应再认定合同效力及承诺人的责任。

需要注意的是，《中华人民共和国民法典》对本案中涉及的法律条文有所改变，在今后审理类似案件时将会有不同的结果。

一是推定保证方式的颠覆性改变。《中华人民共和国民法典》第六百八十六条第二款“当事人在保证合同中对保证方式没有约定或者约定不明确的，按照一般保证承担保证责任”对《中华人民共和国担保法》第十九条“当事人对保证方式没有约定或者约定不明确的，按照连带责任保证承担保证责任”的规定作出了完全相反的规定，即对于没有约定保证方式或约定不明的，不再将保证人的保证方式推定为连带责任保证，而推定为一般保证。基于此规定，债权人在不与保证人约定保证方式的情况下，将面临保证人责任减轻，追索债权难度加大的不利局面。

二是对没有约定或约定不明的保证期间进行了统一规定。《最高人民法院关于适用〈中华人民共和国担保法〉若干问题的解释》第三十二条规定：“保证合同约定的保证期间早于或者等于主债务履行期限的，视为没有约定，保证期间为主债务履行期届满之日起六个月。保证合同约定保证人承担保证责任直至主债务本息还清时为止等类似内容的，视为约定不明，保证期间为主债务履行期届满之日起二年。”将保证期间区分为没有约定和约定不明二种情形，且分别规定了保证期间，易产生混淆。《中华人民共和国民法典》第六百九十二条第二款规定：“债权人与保证人可以约定保证期间，但是约定的保证期间早于主债务履行期限或者与主债务履行期限同时届满的，视为没有约定；没有约定或者约定不明确的，保证期间为主债务履行期限届满之日起六个月。”统一规定了没有约定或者约定不明确的，保证期间为主债务履行期限届满之日起六个月，清晰明确，有利于法律的适用。

编写人：北京市第一中级人民法院　徐硕

19

国家机关违反法律禁止性规定致担保合同无效的，仍应承担过错责任

——信用联社诉鑫盛机砖厂等借款合同案

【案件基本信息】

1. 调解书字号

四川省乐山市中级人民法院（2019）川11民终1007号民事调解书

2. 案由：借款合同纠纷

3. 当事人

原告（被上诉人）：信用联社

被告（被上诉人）：鑫盛机砖厂、曹某娥、詹某华、扶贫移民局

第三人（上诉人）：财保乐山支公司

【基本案情】

2016年7月28日，信用联社与鑫盛机砖厂签订了《借款合同》，约定：信用联社向借款人鑫盛机砖厂提供197万元的借款，用于支付材料款、机器设备款；支用有效期从2016年7月28日至2017年7月27日，贷款利率为固定年利率5%，即月利率4.16667‰，借款逾期罚息利率为贷款实际执行利率上浮50%；按季结息，结息日为每季末月的第20日；贷款人为实现债权而实际发生的一切费用（包括但不限于诉讼费、律师费等）均由借款人鑫盛机砖厂承担。同日，鑫盛机砖厂、詹某华分别与信用联社签订了《抵押合同》，约定：鑫盛机砖厂以其所有的整体资产、詹某华以其所有的房产为鑫盛机砖厂上述借款合同债务提供抵押担保；担保范围为主合同项下的全部债务，包括不限于本金、利息、实现债权的费用等。各方依法办理了抵押登记，信用联社取得了《不动产登记证明》《动产抵押登记书》和《抵押

物登记证》，抵押权依法设立。同时，信用联社与扶贫移民局签订了《风险补偿金保证担保合同》，约定：扶贫移民局将300万元风险补偿金存入补偿金专户，为鑫盛机砖厂在信用联社处的借款提供风险补偿金保证担保。担保范围为主合同项下全部债务（包括但不限于诉讼费、保全费、律师费等），若鑫盛机砖厂有不履行主合同项下到期债务等违约行为，信用联社有权从风险补偿金专户中划收相应款项。2016年7月28日，信用联社与詹某华、曹某娥签订了《保证合同》，约定：詹某华、曹某娥为鑫盛机砖厂在信用联社处的《借款合同》债务提供连带责任保证，保证范围为主合同项下全部债务（包括但不限于诉讼费、保全费、律师费等），保证期间为主合同项下债务履行期限届满之日后两年止。上述合同签订后，信用联社于2016年9月22日向鑫盛机砖厂发放贷款197万元。合同到期后，鑫盛机砖厂未按约归还借款本金。

【案件焦点】

扶贫移民局与信用联社签订的《风险补偿金保证担保合同》因违反法律禁止性规定而无效，扶贫移民局作为国家机关，是否应承担相应责任。

【法院裁判要旨】

四川省峨边彝族自治县人民法院经审理认为：信用联社与鑫盛机砖厂之间签订的《借款合同》《抵押合同》、信用联社与詹某华之间签订的《抵押合同》以及信用联社与詹某华、曹某娥之间签订的《保证合同》均系双方当事人之间真实意思表示，不违反法律规定，合法有效应受法律保护。信用联社要求鑫盛机砖厂支付其未偿还的借款本金及其相应利息的请求，以及要求詹某华、曹某娥对该借款本金及其相应利息承担连带保证责任的请求，符合双方合同约定及法律规定，法院依法予以支持。信用联社要求对鑫盛机砖厂、詹某华提供的抵押物优先受偿的请求，亦符合合同约定及法律规定，法院予以支持。

信用联社要求第三人财保乐山支公司根据《中小企业贷款保证保险合同》约定向其支付贷款本金及其利息70%保险赔偿金的请求，亦符合合同约定及法律规定，法院亦予以支持。

信用联社要求对扶贫移民局存入该社的风险补偿金专户的款项300万元在鑫盛机砖厂未能偿还的贷款本息范围内优先受偿的请求不符合法律规定，法院不予支持。扶贫移民局系峨边彝族自治县人民政府下属工作部门，其属性系国家机关，扶贫移民局与信用联社之间签订的《风险补偿金保证担保合同》，违反《中华人民共和国担保法》第八条“国家机关不得为保证人”的禁止性规定，为无效合同。信用联社和扶贫移民局均有过错。由于信用联社和扶贫移民局双方的过错行为致使涉案《风险补偿金保证担保合同》无效。本案中信用联社与鑫盛机砖厂之间签订的《借款合同》系主合同，信用联社和扶贫移民局之间签订的《风险补偿金保证担保合同》系该《借款合同》（主合同）的担保合同（从合同），主合同有效而担保合同无效，根据《最高人民法院关于适用〈中华人民共和国担保法〉若干问题的解释》第七条“主合同有效而担保合同无效……债权人、担保人有过错的，担保人承担民事责任的部分，不应超过债务人不能清偿部分的二分之一”的规定，本案中，按照信用联社（债权人）和扶贫移民局（担保人）双方过错程度大小，法院对担保人扶贫移民局应承担的民事责任酌情确定为：鑫盛机砖厂及其抵押人担保人、保证担保人等债务人最终不能清偿部分的二分之一。因此，信用联社要求对扶贫移民局存入该社的风险补偿金专户的 300 万元款项在鑫盛机砖厂未能偿还的贷款本息范围内优先受偿的请求，不符合法律规定，法院不予支持。

四川省峨边彝族自治县人民法院依照《中华人民共和国合同法》第五十二条第五项、第五十六条、第六十条、第一百九十八条、第二百零五条、第二百零六条、二百零七条，《中华人民共和国担保法》第八条、第十九条、第二十一条第一款、第三十四条、第四十六条，《中华人民共和国保险法》第十四条、第十七条、第十九条、第二十条第二款，《最高人民法院关于适用〈中华人民共和国担保法〉若干问题的解释》第七条，《最高人民法院关于适用〈中华人民共和国保险法〉若干问题的解释（二）》第十三条、第二十条之规定，判决：

一、鑫盛机砖厂在本判决生效后十日内，一次性偿还信用联社借款本金 1957500.00 元及截至 2019 年 5 月 22 日的利息 267794.99 元，并向信用联社支付以尚欠本金为基数从 2019 年 5 月 23 日起至付清本金之日止，按年利率 7.5% 计的逾期利息，利随本清；

二、信用联社对鑫盛机砖厂抵押的砖厂整体资产和詹某华抵押的房产折价、拍卖、变卖所得价款在上述第一项借款债权范围内优先受偿；

三、财保乐山支公司向信用联社赔付上述第一项借款债务本息扣除信用联社对上述第二项所列抵押物优先受偿金额后再乘以70%的保险赔偿金；

四、詹某华、曹某娥对鑫盛机砖厂上述第一项中所列借款债务承担连带清偿保证责任；

五、扶贫移民局对上述第一项至第四项债务人未能向农村信用联社清偿的贷款本息50%的金额，向农村信用联社承担清偿责任；

六、驳回农村信用联社的其他诉讼请求。

财保乐山支公司不服一审判决，提起上诉。

本案审理过程中，经四川省乐山市中级人民法院主持调解，当事人自愿达成如下协议：

一、鑫盛机砖厂在本调解书生效后十日内，一次性偿还农村信用联社借款本金1957500元及截至2019年5月22日的利息267794.99元，并向农村信用联社支付以尚欠本金为基数从2019年5月23日起至付清本金之日止，按年利率7.5%计算的逾期利息；

二、农村信用联社对鑫盛机砖厂抵押的砖厂整体资产和詹某华抵押的房产折价、拍卖、变卖所得价款在上述调解书第一项借款债权范围内优先受偿；

三、詹某华、曹某娥对上述调解书第一项借款债务承担连带清偿责任；

四、上述调解书第一项借款债务本息扣除农村信用联社对上述调解书第二项所列抵押物优先受偿金额、扣除调解书第三项承担责任后的金额为贷款损失金额，以鑫盛机砖厂、詹某华、曹某娥的财产被执行后，剩余债务履行不能确定的时间为确定贷款损失金额的时间；

五、财保乐山支公司向农村信用联社赔付贷款损失金额乘以70%的保险赔偿金，赔偿限额不超过598803元，支付时间为贷款损失金额确定后十日内；

六、农村信用联社对贷款损失金额承担15%的责任；

七、对本调解书确定的债权按照第一项至第六项确定的履行顺序履行后的贷款损失债权，农村信用联社对扶贫开发局存入的风险补偿金专户的款项优先受偿；

八、财保乐山支公司、扶贫开发局承担第五项、第七项债务后，享有向鑫盛机砖厂、詹某华、曹某娥追偿的权利。

【法官后语】

在脱贫攻坚工作中，政府联合相关金融机构，授予贫困户和小微企业一定的信用额度，贫困户和小微企业可在信用额度内向相关金融机构申请扶贫贷款，政府（扶贫移民局）在相关金融机构存入一定金额的保证金为贫困户和小微企业的扶贫贷款提供风险担保。政府的风险担保降低了金融机构的风险，提高了金融机构向贫困户和小微企业提供贷款的积极性，解决了贫困户和小微企业缺发展资金的困难。本来是一项很好的政策，但在具体执行过程中，由于信用评级、授信方面把关不严，宣传不到位，贷款资金监管缺失等方面的原因，很多贫困户和小微企业的贷款逾期不能偿还，很多贫困户和小微企业甚至将扶贫贷款视为国家的无偿援助，没有偿还的意思。

鑫盛机砖厂系民营企业，因资金周转困难而陷入困境。根据政府扶贫小额信贷文件精神，向信用联社提供《贷款申请报告》和经扶贫移民局加盖公章的《“统贷统还”扶贫专项贷款申请推荐表》以及《贫困户评级授信汇总表》等贷款申请材料申请贷款197万元后，并未将贷款用于发展生产，从而导致贷款逾期不能偿还。

通过本案的审理：1. 贫困户或小微企业申请的国家扶贫贷款不是无偿援助，需要偿还。2. 从事扶贫贷款业务的金融机构与政府（扶贫移民局）签订的《风险补偿金保证担保合同》是无效的，金融机构不能从政府（扶贫移民局）的风险保证金中优先受偿。从事扶贫贷款业务的金融机构应及时主张权利，以防范金融风险。3. 虽然《风险补偿金保证担保合同》因违反法律禁止性规定而无效，但政府（扶贫移民局）仍因过错需要承担金融机构一定的损失。政府督促贫困户和小微企业偿还贷款的积极性会有所提高，对于防范金融风险具有积极意义。

需要注意的是，《中华人民共和国担保法》第九条规定，学校、幼儿园、医院等以公益为目的的事业单位、社会团体不得为保证人。《中华人民共和国民法典》第六百八十三条概括阐述了以公益为目的的民事主体不得为保证人，其范围并不局限于学校、幼儿园、医院。将事业单位、社会团体变更为非营利性法人、非法人组织，按照总则编的规定将民事主体的名称进行了统一。

编写人：四川省峨边彝族自治县人民法院　朱世钧

20

“为境外机构向境内债权人提供担保”效力在批准登记程序前置方面的突破

——华诺公司诉王某、丁某保证合同案

【案件基本信息】

1. 裁判书字号

北京市第三中级人民法院（2019）京03民终13333号民事判决书

2. 案由：保证合同纠纷

3. 当事人

原告（被上诉人、再审被申请人）：华诺公司

被告（上诉人、再审申请人）：丁某

被告：王某

【基本案情】

2018年11月15日，华诺公司与ASTWAY公司签订《购销合同NO5》，该合同标注日期为2018年11月5日，合同约定合同总价值为234000元，货物品名小麦—面包粉，数量900吨，单价260美元/吨，发货时间为供货方账户自收到资金五日内发货，交货条件为DAP阿拉山口站换装库等内容。其中，合同第六条C项约定：供货方未按期发货，应支付购货方违约金，违约金按每日千分之一总货款计算。逾期发货超过15天，购货方有权终止合同。供货方应在约定交货期20日内返还全部货款并支付每日3‰总货款的滞纳金及总货款的20%作为违约金。合同约定适用中国法，在中国管辖。合同尾部还手写载明：本人丁某、王某作为合同牵头人，愿为本合同提供保证：承诺就供货方在该合同项下的全部义务承担连带保证责任，包括但不限于供货方在本合同项下产生的主债务、违约金及购货方为实现债权所产生的

律师费、诉讼费、财产保全费、担保费、鉴定费等，保证期间为自合同生效起两年。上述保证条款系丁某手写，丁某签名并注明日期为2018年11月14日；王某亦在上述手写保证条款后签字，并注明日期为2018年11月19日。合同签订后，华诺公司支付了货款，ASTWAY公司随后于2018年12月20日及2018年12月27日各延期发货300吨面粉，剩余货物至今未交付。2019年2月28日，华诺公司通过邮件通知ASTWAY公司取消该笔订单。后ASTWAY公司至今未退还该款。另查，华诺公司因此次诉讼共支付律师费5万元，华诺公司遂诉至法院。

【案件焦点】

以其他形式跨境担保方式签订跨境担保合同的，是否需经国家有关部门批准或者登记，否则合同无效。

【法院裁判要旨】

北京市通州区人民法院经审理认为：《中华人民共和国担保法》第十四条规定，保证人与债权人可以就单个主合同分别订立保证合同，也可以协议在最高债权额限度内就一定期间连续发生的借款合同或者某项商品交易合同订立一个保证合同。本案中，丁某、王某在购销合同尾部手写担保条款，与华诺公司形成担保合同关系，该担保合同系双方真实意思表示，且不违背强制性法律规定，应属合法有效。丁某、王某应根据该合同约定承担连带担保责任。王某主张其仅在合同尾部上签名，不能推定为当然的担保人，因王某签字确认的担保条款载明“本人丁某、王某作为合同牵头人，愿为本合同提供保证”，故对其该项辩解意见，法院不予采信。

丁某、王某主张，根据《中华人民共和国外汇管理条例》第十九条之规定，提供对外担保，应当向外汇管理机关提出申请，由外汇管理机关根据申请人的资产负债等情况作出批准或者不批准的决定。本案担保未经上述机关批准，故根据《最高人民法院关于适用〈中华人民共和国担保法〉若干问题的解释》第六条第二项之规定，未经国家有关主管部门批准或者登记，为境外机构向境内债权人提供担保的，对外担保合同无效。对此，法院认为，上述外汇管理条例于1996年实施，司法解释于2000年实施，2014年5月12日，《国家外汇管理局关于发布〈跨境担保外汇管理规定〉的通知》载明，为深化外汇管理体制改革，简化行政审批程序，规范跨境担保项下收支行为，国家外汇管理局决定改进跨境担保外汇管理方式，制定了《跨境担保外汇管理规定》及其操作指引。《跨境担保外汇管理规定》第三条规定，按照担保当事各方的注册地，跨境担保分为内保外贷、外保内贷和其他形式跨境担保。内保外贷是指担保人注册地在境内、债务人和债权人注册地均在境外的跨境担保。外保内贷是指担保人注册地在境外、债务人和债权人注册地均在境内的跨境担保。其他形式跨境担保是指除前述内保外贷和外保内贷以外的其他跨境担保情形。第二十五条第二款规定，境内机构办理其他形式跨境担保，可自行办理担保履约。从上述规定的制定过程可以看出，为深化外汇管理体制改革，简化行政审批程序，涉案的担保已无须有关部门批准，故《最高人民法院关于适用〈中华人民共和国担保法〉若干问题的解释》第六条第二项之适用前提已不存在，丁某、王某据此主张担保合同无效，于法无据。

北京市通州区人民法院依照《中华人民共和国担保法》第十四条，《中华人民共和国合同法》第一百一十四条第二款、第一百一十七条第一款之规定，判决：

王某、丁某连带给付华诺公司货款及违约金。

丁某不服一审判决，提起上诉。

北京市第三中级人民法院经审理同意一审法院裁判意见，依照《中华人民共和国民事诉讼法》第一百七十条第一款第一项规定，判决：

驳回上诉，维持原判。

丁某不服二审判决，申请再审。

北京市高级人民法院经审查同意一、二审法院裁判意见，依照《中华人民共和国民事诉讼法》第二百零四条第一款，《最高人民法院关于适用的解释》第三百九十五条第二款规定，裁定：

驳回丁某的再审申请。

【法官后语】

本案的焦点问题在于案涉担保合同的效力问题。具体来说，即涉案跨境担保合同未经国家外汇管理部门批准或者登记，是否有效的问题。

争议焦点的症结在于1996年颁布的《中华人民共和国外汇管理条例》第十九条以及2000年颁布的《最高人民法院关于适用〈中华人民共和国担保法〉若干问

题的解释》第六条第二项之规定明确对外担保未经国家有关主管部门批准或者登记则无效。而根据2014年5月12日颁布的《跨境担保外汇管理规定》第三条、第二十五条之规定，本案涉及的对外担保合同如在符合境内外法律规定和本规定的前提下，可自行签订跨境担保合同，除外汇局另有明确规定外，担保人、债务人不需要就其他形式跨境担保到外汇局办理登记或备案。条文之间的规定似有“冲突”，实则不然。

首先，跨境担保即对外提供担保的行为属于外汇行为，受《中华人民共和国外汇管理条例》规制。《中华人民共和国外汇管理条例》第二条规定，国务院外汇管理部门及其分支机构依法履行外汇管理职责，负责本条例的实施。该条明确了外汇管理职责系由国务院外汇管理部门及其分支机构履行。第十九条规定，提供对外担保，应当向外汇管理机关提出申请，由外汇管理机关根据申请人的资产负债等情况作出批准或者不批准的决定，国家规定其经营范围需经有关主管部门批准的，应当在向外汇管理机关提出申请前办理批准手续。该条明确外汇管理部门系对“提供对外担保”进行审批和登记的部门。因此，外汇管理部门有权明确对外担保需要审批和登记的情形。《跨境担保外汇管理规定》第二十五条规定，其他形式跨境担保在符合境内外法律规定和本规定的前提下，可自行签订跨境担保合同，除外汇局另有明确规定外，担保人、债务人不需要就其他形式跨境担保到外汇局办理登记或备案。

其次，国家外汇管理局北京外汇管理部针对本案所涉担保的情形亦作出了答复。复函明确了本案所涉担保为其他形式跨境担保，无须到外汇管理部门办理登记或者备案。复函的答复排除了《跨境担保外汇管理规定》第二十五条第二款的除外情形。

再次，《跨境担保外汇管理规定》第二十五条第一款规定的“在符合境内外法律规定和本规定的前提下”，指的是本案合同是否有效应当审查所涉《购销合同》及担保是否违反效力性禁止性规定，涉案购销合同及担保合同属当事人真实意思表示，内容不违反相关法律规定，应属有效。

最后，本案法律适用上不存在上位法与下位法相抵触的情况。《最高人民法院关于适用〈中华人民共和国担保法〉若干问题的解释》中规定的“未经国家有关主管部门批准或者登记”适用存在前提条件，即如果国家有关主管部门规定跨境担保需要批准和登记，方才适用该司法解释规定。如果国家有关主管部门未规定跨境担保需要批准和登记，“皮之不存毛将焉附”，自然无法受《最高人民法院关于适用〈中华人民共和国担保法〉若干问题的解释》规定规制。

综上，本案跨境合同无须到外汇管理部门办理登记或者备案，其自然不必受《最高人民法院关于适用〈中华人民共和国担保法〉若干问题的解释》对于“批准和登记”前置的强制性规定。

编写人：北京市通州区人民法院　奉一兵　马帅

21

主债务人破产，主债权停止计息的效力及于保证人

——淮北农商行诉淮北中安公司等保证合同案

【案件基本信息】

1. 裁判书字号

安徽省淮北市杜集区人民法院（2019）皖0602民初2188号民事判决书

2. 案由：保证合同纠纷

3. 当事人

原告：淮北农商行

被告：淮北中安公司、安徽统全公司、王某、徐某松、李某妍、高某

【基本案情】

2016年9月30日，淮北农商行（乙方）与汉享食品公司（甲方）签订了流动资金借款合同约定：本合同项下的借款额度为200万元，借款期限为12个月，借款额度有效期间自2016年9月30日至2017年9月30日；贷款利率为固定利率，年利率9.57%；贷款逾期的罚息利率为贷款利率上浮50%；按月结息，结息日固定为每月第20日；支付方式为乙方受托支付等。

同日，淮北农商行（债权人）分别与中安公司、安徽统全公司、王某、徐某

松、李某妍、高某（保证人）签订保证合同，为了确保汉享食品公司（以下简称债务人）与债权人签订的借款合同（以下简称主合同）的切实履行，保障债权人债权的实现，保证人愿意为债务人依主合同与债权人所形成的债务提供保证，约定：保证方式为连带责任保证；保证范围包括但不限于主合同项下的债务本金、利息、逾期利息、复息、罚息、违约金、诉讼费等；保证期间为主合同约定的债务人履行期限届满之日起两年等。

2016年9月30日，淮北农商行向汉享食品公司发放贷款200万元，借据记载：借款到期日2017年9月30日，贷款利率为年利率9.57%等。

截至2018年7月20日，汉享食品公司尚欠淮北农商行借款本金200万元，利息427725.83元，合计2427725.83元。

2018年7月20日，安徽省淮北市中级人民法院作出（2018）皖06破申15号民事裁定书，裁定受理汉享食品公司的破产清算申请。2019年7月29日，根据淮北农商行提供的材料，汉享食品公司管理人确认该行的债权金额为2427725.86元，其中本金200万元、利息427725.86元等。

【案件焦点】

1. 主债务人汉享食品公司进入破产程序，债权人淮北农商行已向管理人申报破产债权后，债权人能否在保证期间内同时向保证人主张权利；2. 保证人承担连带清偿责任的范围是什么；3. 主债权停止计息的效力是否及于保证人。

【法院裁判要旨】

安徽省淮北市杜集区人民法院经审理认为：双方分别签订的《流动资金借款合同》《保证合同》是双方当事人真实意思表示，不违反法律法规的强制性规定，合同依法成立，具有法律效力，双方当事人应当按照合同约定履行各自权利义务。合同签订后，淮北农商行已经按照借款合同的约定向汉享食品公司提供了借款，汉享食品公司取得贷款后，未按照合同约定偿还贷款本息。保证期间，人民法院受理债务人破产案件的，债权人既可以向人民法院申报债权，也可以向保证人主张权利。另《最高人民法院关于适用〈中华人民共和国担保法〉若干问题的解释》第四十四条第二款规定了债权人向保证人行使权利的期间（即债务人破产程序终结后的六个月），该期间不能发生取代保证期间的作用，淮北农商行在保证期间内向各保证人主张权利并无不当。

《中华人民共和国破产法》第四十六条第二款规定，附利息的债权自破产申请受理时停止计息。淮北农商行已向管理人申报破产债权，确认为2427725.86元，其中利息计算至2018年7月20日。对于上述破产债权，淮北农商行在债务人汉享食品公司破产程序中可以分得的部分予以扣除后，淮北中安公司等保证人对未能清偿部分承担连带给付责任。

安徽省淮北市杜集区人民法院依照《中华人民共和国合同法》第六十条、第一百九十六条、第二百零五条、第二百零六条、第二百零七条，《中华人民共和国担保法》第十八条，《中华人民共和国企业破产法》第四十六条，《最高人民法院关于适用〈中华人民共和国民事诉讼法〉的解释》第九十条之规定，判决：

一、淮北中安公司、安徽统全公司、王某、徐某松、李某妍、高某于淮北市汉享食品公司破产程序终结之日起60日内对淮北农商行申报的破产债权2427725.86元范围内未能清偿的部分承担连带给付责任；

二、驳回淮北农商行的其他诉讼请求。

【法官后语】

因破产衍生的诉讼中，在主债务人破产后，债权人如何向保证人行使权利，在理论和实务中均存在争议。对于主债务人破产后能否同时向保证人主张权利、主债权停止计息的效力是否及于保证人、法院如何裁决等，笔者观点如下：

一、主债务人进入破产程序，债权人已申报破产债权后，债权人在保证期间内可同时向保证人主张权利

《最高人民法院关于对云南省高级人民法院就如何适用〈关于适用《中华人民共和国担保法》若干问题的解释〉第四十四条请示的答复》中表明，《最高人民法院关于适用〈中华人民共和国担保法〉若干问题的解释》第四十四条第二款规定的债权人应在破产程序终结后六个月内要求保证人承担保证责任的规定，仅适用于债务人在破产程序开始时保证期间尚未届满，而在债权人申报债权参加清偿破产财产程序期间保证期间届满的情形。可见，第四十四条第二款规定的债权人向保证人行使权利的期间（即债务人破产程序终结后的六个月），主要针对的是债权人就破产程序中未受清偿部分向保证人追偿的期限问题，并非禁止债权人在申报债权的同

时向保证人主张权利，该期间并不能发生取代保证期间的作用。

二、债务人破产后，主债权停止计息的效力及于保证人

第一，从对保证范围的规定分析。《中华人民共和国民法典》第三百八十九条规定，保证担保的范围应当限于主债务人应当承担的责任范围，主债务人没有发生或者依照法律规定不承担的主债权及其利息、违约金、损害赔偿金、保管担保财产和实现担保物权的费用，要求保证人承担是没有依据的，包括主债务人被宣告破产后的利息也是如此。

第二，从法律的体系解释分析，担保之债具有从属性，该属性决定了担保责任的范围不大于主债务，上述观点是担保法理论的一个法理基础，基于此，在法律没有明确对保证责任从属性予以限制的情形下，应当默认保证责任的从属性不受限制。

第三，从利益平衡的层面分析，担保制度得以有效运转，在于债权人的风险转移以及担保人取得追偿权两大功能，担保制度缺少上述两大功能的任何一项都将不能再存续。因此，在制度设计中，在优先考虑债权人利益时，对担保人的利益也应予以适当考虑。

三、人民法院径行判决保证人承担保证责任，应当在判决中明确应扣除债权人在债务人破产程序中可以分得的部分

依照《最高人民法院对关于担保期间债权人向保证人主张权利的方式及程序问题的请示的答复》之规定，本案无须等待破产程序结束，可径行判决保证人承担保证责任。但如果保证人在破产程序尚未终结前履行了保证责任，而债权人又在破产程序中获得了部分受偿，就可能出现债权人就同一债务双重受偿的情况。并且，如果债权人在双重受偿后，又未将双重受偿部分主动返还给保证人，又将引发新的纠纷和诉讼。因此，为了避免双重受偿的纠纷发生，在判决担保人偿还破产程序中未清偿部分债务的同时，将担保人履行付款义务的时间节点设定为破产程序终结后的一定时日内。

编写人：安徽省淮北市杜集区法院　安静　王波

22

非明确为保证人的签章行为是否构成保证责任，应如何认定

——陆某文诉张某英保证合同案

【案件基本信息】

1. 裁判书字号

北京市朝阳区人民法院（2019）京0105民初76605号民事判决书

2. 案由：保证合同纠纷

3. 当事人

原告：陆某文

被告：张某英

【基本案情】

2017年9月3日，陆某文作为出借人与案外公司中盈盛公司签订《阳光·转贷通借款合同》，约定陆某文向中盈盛公司出借20万元，借款期间6个月，自2017年9月3日至2018年3月2日。当日，陆某文向中盈盛公司支付20万元。

2017年9月3日，为保证上述投资的安全，案外人刘某（张某英之女）作为甲方责任担保人与陆某文作为乙方投资人签订《推荐投资责任担保书》，承诺陆某文与中盈盛公司签订的《阳光·转贷通借款合同》绝非非法经营以及非法集资范畴的非法性质合同，否则若造成对陆某文的投资本金及合同上所规定的全额和足额的效益性收益，均由刘某负责并承担因此引起的无限连带责任赔偿。该担保书经甲、乙双方协商约定，须经中盈盛公司一名员工见证，也须经过甲方家庭代表1～3人在同意鉴定此责任担保协议书的情况下，视为甲方以个人以及家庭财产成立的担保资格与能力作为责任担保。《推荐投资责任担保书》中甲方刘某、乙方陆某文及甲方家庭成员代表张某英签字。

此后，中盈盛公司未能依约履行合同项下的还本付息义务，刘某亦未依约承担

保证责任。

2017年10月11日，陆某文向刘某、张某英发送了《明确违约告知书》，要求刘某及张某英于2017年10月17日前针对上述涉案借款向陆某文承担担保责任。

此后，刘某、张某英均未承担还款责任。2018年，陆某文将刘某诉至北京市朝阳区人民法院，法院于2018年12月28日作出（2018）京0105民初60508号民事判决书，判决刘某就《阳光·转贷通借款合同》项下的本金、利息向陆某文承担连带保证责任，并已查明，中盈盛公司因涉嫌非法吸收公众存款罪，已经刑事立案。该判决于2019年3月22日生效。此后，陆某文向北京市朝阳区人民法院申请强制执行，执行期间，因刘某无财产可供执行，刘某无法向陆某文支付案款。陆某文依据与刘某签订的上述《推荐投资责任担保书》，将张某英诉至法院。

【案件焦点】

张某英作为刘某家庭成员代表在《推荐投资责任担保书》上签字的行为，是否可以认定张某英应当对涉案的债务承担保证责任。

【法院裁判要旨】

北京市朝阳区人民法院经审理认为：依照《最高人民法院关于审理民间借贷案件适用法律若干问题的规定》第二十一条关于“他人在借据、收据、欠条等债权凭证或者借款合同上签字或者盖章，但未表明其保证人身份或者承担保证责任，或者通过其他事实不能推定其为保证人，出借人请求其承担保证责任的，人民法院不予支持”的规定，认定张某英是否对涉案债务承担连带保证责任的关键在于通过全案证据是否能够推定张某英具有以自己财产承担保证责任的意思表示。对此，从《推荐投资责任担保书》来看，当中载明经过甲方刘某家庭成员代表签字，则视为刘某以个人以及家庭财产而成立担保，张某英作为甲方家庭成员代表在该担保书中签字。对于张某英的签字行为的认定，首先，从签字行为的意思表示来看，张某英既然作为刘某的家庭成员代表签字，即应当认定其同意以家庭财产承担担保责任，因刘某作为具备完全民事行为能力及独立财产的民事主体，其对自己的财产及债务负担具有独立的处分权，涉案争议中，若刘某仅以个人财产进行担保，则张某英实际并无签字的必要，因此，张某英的涉案签字行为，依常理应当认定为张某英同意以包括其个人财产在内的家庭财产对涉案债务承担担保责任的一种处分行为。其次，从签字的效果及对外形成的表象来看，《推荐投资责任担保书》中关于以家庭财产承担担保责任的约定，以及张某英作为家庭成员代表签字的行为，无疑对陆某文决定是否进行涉案借款行为起到了重要推动作用，陆某文基于张某英的签字行为所形成的对于涉案担保主体及担保财产范围的信赖利益，依法应当受到保护。综上，法院认为结合《推荐投资责任担保书》约定的内容以及张某英签字的行为，可以推定张某英对于以自己及刘某共同的财产对涉案债务承担保证责任的事实具有清晰的认识，且更符合各方当事人签署《推荐投资责任担保书》时的真实意思表示，故对于陆某文要求张某英对涉案债务承担保证责任的诉讼请求予以支持。

关于保证范围，因（2018）京 0105 民初 60508 号民事判决书中对此已经做出明确认定，张某英的保证范围应当同刘某的保证范围一致。

北京市朝阳区人民法院依照《中华人民共和国担保法》第十八条、第二十一条、第二十六条，《最高人民法院关于审理民间借贷案件适用法律若干问题的规定》第二十一条之规定，判决：

张某英于本判决生效之日起七日内就《阳光·转贷通借款合同》项下的本金 184000 元、利息 18000 元及后续利息（以本金 184000 元为计算基数，自 2018 年 3 月 3 日起至实际给付之日止，按照年利率 24% 标准计算）在刘某未清偿的范围向陆某文承担连带保证责任。

【法官后语】

保证担保作为重要的担保方式之一，在各项经济业务的开展中有着极为重要的作用，但司法实践中，因保证合同的签署在形式上、内容上的不规范，或因签章手续不完备、提供保证的意思表示不明确以及第三人在他人出具的相关材料上签名而引发的诉讼时有发生。此时，当事人的签章是否意味着其应当承担保证责任是审判实践中需要探讨的问题。

在司法实践中，第三人在债权凭证或者借款合同中签字盖章的法律意义具有多种可能性，《最高人民法院关于审理民间借贷案件适用法律若干问题的规定》第二十一条规定："他人在借据、收据、欠条等债权凭证或者借款合同上签名或者盖章，但是未表明其保证人身份或者承担保证责任，或者通过其他事实不能推定其为保证人，出借人请求其承担保证责任的，人民法院不予支持。"此条规定包括几层含义，第一，仅有他人签名或者盖章的，不足以认定保证人身份，他人也就不承担保证责任。所谓“仅有”，是指既未在借款凭证或借款合同中表明保证人身份，也未在其中约定保证条款并指向签字或盖章人，同时也无其他证据证明该签字或盖章人为保证人。第二，只有在“通过其他事实不能推定其为保证人”的情况下，才能作出他人非为保证人的判断。第三，仅有第三人在其中签字或者盖章，但表明了签字或者盖章人是保证人，或者通过其他条款或事实能够推定出其为保证人的，则应当对借款承担担保责任。

因此在仅有第三人签名，意思表示不明确或者标的不明确的情形下，判断其是否应当承担保证责任的基本原则是以其意思表示为准。而保证人的意思表示应从主客观两个方面综合判断，合同双方之外的第三人仅有签名或者盖章无其他意思表示的，或者无其他证据证明该第三人承担保证责任的意思表示的，不应认定第三人的保证人地位。保证人地位的认定涉及合同解释问题，应当根据合同所使用的词句、合同的有关条款、合同的目的、交易习惯以及诚实信用原则，确定该条款的真实意思。对第三人在借款合同上签字盖章行为这一意思表示作出解释时，也应当坚持这一原则，以探求签字盖章这一外在表示行为的真实意思。

具体到本案，张某英在《推荐投资责任担保书》中作为甲方刘某的家庭成员代表进行签字，对于其保证人的身份，因未明确标注为保证人，属约定不明确，因此要判断其是否应当承担保证责任，应看“通过其他事实”能否推定其为保证人，如果不能推定其为保证人则无须承担保证责任，反之，则应当承担保证责任。《推荐投资责任担保书》约定：本协议担保书经甲乙双方协商约定，须经中盈盛公司一名员工作为见证人，也须经过甲方家庭代表1~3人在同意鉴定此责任担保协议书的情况下，视为甲方以个人以及家庭财产成立担保的资格与能力作为责任担保。《推荐投资责任担保书》中甲方刘某、乙方陆某文及甲方家庭成员代表张某英签字，张某英作为家庭成员代表签字，应视为其同意用其家庭财产对陆某文进行担保，因甲方刘某已经明确作为保证人处分其财产，则推断张某英的签字视为以其个人财产进行的保证。因此，能够推定张某英为案涉合同的保证人身份。故本案对于陆某文要求张某英对涉案债务承担保证责任的诉讼请求予以支持。

编写人：北京市朝阳区人民法院　周裕财　柏振芳

23

保证期间届满，保证人并不必然免除保证义务

——涂某国诉李某红、张某龙民间借贷案

【案件基本信息】

1. 裁判书字号

湖南省常德市中级人民法院（2019）湘07民终1798号民事判决书

2. 案由：民间借贷纠纷

3. 当事人

原告（上诉人）：涂某国

被告（上诉人）：张某龙

被告（被上诉人）：李某红

【基本案情】

涂某国与李某红同住金安花园小区，李某红因在株洲市攸县承揽了步步高超市装修业务，需资金周转，2016年6月10日，经张某龙介绍，李某红向涂某国借款1050000元，借期为4个月零20天，双方商定该借期内利息共计250000元，计入借款本金，李某红按上述约定向涂某国出具了借款1300000元，借期为4个月零20天，不计利息的借据，张某龙作为担保人在借据上签了字。后李某红未积极向涂某国清偿完借款，经涂某国多次催讨，2017年1月10日，李某红、张某龙向涂某国出具了《承诺书》，承诺"本人承诺将所欠涂某国1100000元于2017年1月20日之前一次性全部还清。否则将从借款（1300000元）之日起按月息4分结算支付。"

出具借条后，李某红于2016年12月2日向涂某国还款200000元，于2017年1月24日二次共还款500000元，于2017年1月27日二次共还款60000元，于2017年5月13日还款100000元，于2017年5月31日还款30000元，于2017年7月1

日二次共还款100000元，上述九次共计还款990000元。对于上述990000元还款金额具体偿还多少本金、多少利息，双方当事人未进行结算。

【案件焦点】

张某龙应否承担保证责任。

【法院裁判要旨】

湖南省安乡县人民法院经审理认为：李某红借款时，张某龙为其提供了担保，未约定保证方式及保证期间，按照《中华人民共和国担保法》第十九条、第二十六条的规定可以推定为连带责任保证，保证期限为6个月，故本案的保证期间为2016年11月1日至2017年4月30日。涂某国在保证期间内向张某龙主张了权利，张某龙于2017年1月10日向涂某国出具了还款承诺书。根据《最高人民法院关于适用〈中华人民共和国担保法〉若干问题的解释》第三十四条第二款"连带责任保证的债权人在保证期间届满前要求保证人承担保证责任的，从债权人要求保证人承担保证责任之日起，开始计算保证合同的诉讼时效"的规定，保证人张某龙的保证期间从2017年1月10日转化为保证债务诉讼时效。另外，根据《中华人民共和国民法总则》第一百八十八条"向人民法院请求保护民事权利的诉讼时效期间为三年"的规定，涂某国要求张某龙承担保证责任在诉讼时效之内，故张某龙应承担保证责任，其承担保证责任后有权向李某红追偿。

湖南省安乡县人民法院依照《中华人民共和国合同法》第二百零六条、第二百零七条、第二百一十一条第一款，《最高人民法院关于审理民间借贷案件适用法律若干问题的规定》第二十六条、第二十九条，《最高人民法院关于适用〈中华人民共和国合同法〉若干问题的解释（二）》第二十一条，《中华人民共和国担保法》第十九条、第二十一条、第二十六条、第三十一条，《最高人民法院关于适用〈中华人民共和国担保法〉若干问题的解释》第三十四条第二款及《中华人民共和国民法总则》第一百八十八条第一款的规定，判决：

一、李某红于本判决生效之日起十日内偿还涂某国借款本金257249元及利息104786元（利息已计算至2019年3月12日，之后利息按年利率24%计算至清偿之日止）；

二、张某龙对本判决主文第一项债务的清偿承担连带保证责任，其承担保证责任后有权向李某红追偿；

三、驳回涂某国其他诉讼请求。

涂某国、张某龙不服一审判决，提起上诉。

湖南省常德市中级人民法院经审理同意一审法院裁判意见，依照《中华人民共和国民事诉讼法》第一百七十条第一款第一项规定，判决：

驳回上诉，维持原判。

【法官后语】

保证期间与诉讼时效期间，在期间的经过上有相似之处，都是一定的事实状态，经过一定的期间后引起一定的法律后果，但不能因此而将保证期间与诉讼时效期间等同。保证期间约定的并不是保证人承担保证义务的时间界限，保证期间届满后，保证人并不必然免除保证义务。只有债权人在此期间内未按照法律规定行使权利，才导致保证人的保证义务免除。当债权人按照法律规定的方式向债务人或者保证人主张权利后，保证期间的使命随即完成，进而自然转换为保证合同的诉讼时效期间，开始适用保证合同诉讼时效期间的规定。

债权人要实现保证期间与保证合同诉讼时效之间的转换，应注意以下几点：第一，债权人要追求保证人承担保证责任的法律后果，就必须在保证期间之内也就是保证期间届满日之前提出权利主张的要求，但是提出权利主张的要求时要区分一般保证和连带责任保证，在一般保证中，因保证人享有先诉抗辩权，债权人需要在保证期间内以诉讼或仲裁的方式向债务人主张权利，而在连带责任保证中，只要债权人向保证人主张过权利即可，不要求以诉讼或仲裁的方式。第二，在连带责任保证中，债权人在保证期间仅向债务人主张权利的，并不表示同时也对保证人主张权利，债权人主张权利的直接对象必须是保证人并要求其承担保证责任，而不能仅针对主债务人提出。第三，作为保证人，保证期间对其的保护是一次性的，只要能证明债权人在保证期间向保证人主张了权利，保证期间就转换为保证合同的诉讼时效期间，开始适用保证合同诉讼时效期间的规定。不同方式的保证责任所引起的保证合同的诉讼时效起算点是不同的。在一般保证的情况下，一般保证人享有先诉抗辩权，只有当债权人对主债务人提起诉讼或仲裁并就主债务人财产依法强制执行仍不能满足债权的，债权人对一般保证人才可以主张权利，因此，一般保证的保证合同诉讼时效从判决或者仲裁裁决生效之日起开始计算。而在连带责任保证中，由于保证人无先诉抗辩权，在主债务履行期届满时，保证人与债务人处于同等地位，连带责任保证的债权人在保证期间届满前要求保证人承担保证责任的，从债权人要求保证人承担保证责任之日起，开始计算保证合同的诉讼时效。

《中华人民共和国民法典》将保证作为合同的一种在合同编中予以规定，并进行了重要修改，这些修改将对保证合同在实践、司法审判、商事仲裁等领域产生深远影响。尤其在保证方式的推定、保证期间的推定等方面发生了较大的变化，这些变化将直接关系到债权人的切身利益，需要正确理解与适用。

1. 关于保证方式的推定。《中华人民共和国担保法》第十九条规定："当事人对保证方式没有约定或者约定不明确的，按照连带责任保证承担保证责任。"而《中华人民共和国民法典》第六百八十六条第二款规定："当事人在保证合同中对保证方式没有约定或者约定不明确的，按照一般保证承担保证责任。"完全改变了《中华人民共和国担保法》第十九条的规定，审判实践中应予注意。

2. 关于保证期间的推定。《最高人民法院关于适用〈中华人民共和国担保法〉若干问题的解释》第三十二条规定："保证合同约定的保证期间早于或者等于主债务履行期限的，视为没有约定，保证期间为主债务履行期届满之日起六个月。保证合同约定保证人承担保证责任直至主债务本息还清时为止等类似内容的，视为约定不明，保证期间为主债务履行期届满之日起二年。"《中华人民共和国民法典》第六百九十二条第二款规定："债权人与保证人可以约定保证期间，但是约定的保证期间早于主债务履行期限或者与主债务履行期限同时届满的，视为没有约定；没有约定或者约定不明确的，保证期间为主债务履行期限届满之日起六个月。"因此，《中华人民共和国民法典》施行后，无论是保证合同没有约定，还是虽然有约定但约定不明，保证期间均为主债务履行期限届满之日起6个月。

3. 关于一般保证债务诉讼时效的起算点。《最高人民法院关于适用〈中华人民共和国担保法〉若干问题的解释》第三十四条第一款规定："一般保证的债权人在保证期间届满前对债务人提起诉讼或者申请仲裁的，从判决或者仲裁裁决生效之日起，开始计算保证合同的诉讼时效。"《中华人民共和国民法典》第六百九十四条第一款规定："一般保证的债权人在保证期间届满前对债务人提起诉讼或者申请仲裁的，从保证人拒绝承担保证责任的权利消灭之日起，开始计算保证债务的诉讼时效。”对于一般保证债务诉讼时效的起算点，《最高人民法院关于适用〈中华人民共和国担保法〉若干问题的解释》与《中华人民共和国民法典》的规定是矛盾的，故在《中华人民共和国民法典》施行后不再继续适用。

编写人：湖南省常德市安乡县人民法院　黎聪

24

在连带保证期间内，债权人仅向部分连带保证人主张权利的，其他连带保证人不得以债权人未在保证期间内向其主张权利而免责

——天府银行江汉支行诉罗某、罗某华保证合同案

【案件基本信息】

1. 裁判书字号

四川省成都市青羊区人民法院（2019）川0105民初5338号民事判决书

2. 案由：保证合同纠纷

3. 当事人

原告：天府银行江汉支行

被告：罗某、罗某华

【基本案情】

2015年1月26日，南商行江汉支行与罗某、罗某华签订最高额保证合同，主要约定保证人罗某、罗某华自愿为债务人吉隆工程公司在债权人南商行江汉支行办理约定的各类业务实际形成的债务的最高余额，折合人民币492万元整提供保证担保；保证范围包括债务人依主合同与债权人发生的全部债务本金、利息、逾期利息、复利、罚息、违约金、损害赔偿金以及诉讼费、律师费、抵押物处置费、过户费等债权人实现债权的一切费用；保证方式为连带责任保证；银行承兑汇票的保证

期间为债权人垫付款项之日起两年。2015年7月28日，吉隆工程公司与南商行江汉支行签订承兑汇票合同，约定由南商行江汉支行同意对吉隆工程公司申请承兑的一张总金额为820万元的商业汇票予以承兑，吉隆工程公司按本次申请承兑的汇票金额的50%在南商行江汉支行开列定期存单作为质押担保，对申请承兑的商业汇票票面金额与吉隆工程公司缴纳的保证金或提供的定期存单之差额部分，由吉隆工程公司提供以下担保：由张某才、苏某华、罗某、罗某华提供连带责任保证担保。合同签订后，承兑银行依约承兑了820万元的汇票，出票日期为2015年7月28日，汇票到期日为2016年1月28日。2016年5月25日，四川省成都市蜀都公证处出具公证执行证书，载明汇票到期后，出票人吉隆工程公司未按时交付应付票款，申请执行人南商行江汉支行扣除了被申请执行人在银行开立的保证金定期存单的利息共计47970元后，代吉隆工程公司垫款4052030元，并明确被申请执行人为吉隆工程公司、张某才、苏某华及执行标的金额。2016年7月21日，四川省成都市武侯区人民法院受理了南商行江汉支行对吉隆工程公司、张某才、苏某华的执行申请，案号为（2016）川0107执3950号。2019年5月9日，四川省成都市武侯区人民法院出具（2019）川0107执恢85号之一执行裁定书，载明“法院于2016年7月21日以（2016）川0107执3950号初次受理南商行江汉支行申请执行吉隆工程公司、张某才、苏某华借款合同案。在执行中，法院向被执行人发出执行通知书，责令其履行生效法律文书确定的义务”。

2017年2月27日，南商行江汉支行变更为天府银行江汉支行。

【案件焦点】

债权人在连带保证期间内向部分连带保证人主张权利的，其法律效果是否及于其他连带保证人。

【法院裁判要旨】

四川省成都市青羊区人民法院经审理认为：

一、天府银行江汉支行与罗某、罗某华签订的最高额保证合同、最高额抵押合同系当事人自愿签订，内容未违反法律、行政法规强制性规定，合法有效

虽罗某、罗某华抗辩称合同的签订非其真实意思表示，且存在欺诈，但未提交相关证据，故对其抗辩主张，法院不予采纳。2019年5月9日四川省成都市武侯区

人民（2019）川0107执恢85号执行案件，已经明确借款人吉隆工程公司未履行还款义务，故天府银行江汉支行有权依据保证合同约定，单独向其连带保证人罗某、罗某华主张权利。

二、本金及资金利息

吉隆工程公司与天府银行江汉支行签订承兑汇票合同后，天府银行江汉支行依约承兑了820万元的汇票，但截至汇票到期，吉隆工程公司仍未按约还款。天府银行江汉支行有权要求罗某、罗某华承担保证责任。至于罗某、罗某华抗辩称天府银行江汉支行未提交其垫款证据，与事实不符，法院不予采纳。截至2019年4月22日，结合期间104.17元的还款情况，吉隆工程公司尚欠天府银行江汉支行承兑汇票垫款本金4051925.83元，天府银行江汉支行要求罗某、罗某华偿还垫款本金4051925.83元的主张，法院予以支持。至于资金利息，因吉隆工程公司于2016年9月23日还款104.17元，之后再无还款，故截至2019年4月23日的资金利息为2388622.725元，自2019年4月23日起的资金利息，应以4051925.83元为基数，按照日利率5‱计算至垫款本金清偿之日止。

三、违约金

吉隆工程公司与天府银行江汉支行签订承兑汇票合同明确约定，吉隆工程公司未按约偿还汇票垫款的，天府银行江汉支行有权要求吉隆工程公司按照已承兑的商业汇票总额的10%支付违约金。现天府银行江汉支行已承兑的商业汇票敞口金额为410万元，故违约金金额为41万元的诉讼请求，法院予以支持。另天府银行江汉支行向吉隆工程公司收取了41000元的手续费，结合罗某、罗某华就利息等提出异议，故对天府银行江汉支行所主张的资金利息、手续费、违约金之和应以4052030元本金的年利率24%为限。

四、律师费

按照合同约定，天府银行江汉支行有权要求债务人、担保人支付为实现债权而产生的律师费。根据天府银行江汉支行提交的转账凭证及发票，法院认为，天府银行江汉支行实际已支付的律师费为27474元，故法院支持律师费27474元，至于尚未实际产生的律师费用，法院不予支持。

五、保证责任

保证合同约定罗某、罗某华对吉隆工程公司在天府银行江汉支行处产生的最高余额492万元的债务提供连带保证责任，保证期间为承兑汇票到期之日起两年。罗某、罗某华抗辩称天府银行江汉支行未在保证期间内向其主张担保责任，现保证期间已过，罗某、罗某华不再承担保证责任。对此，法院认为，根据《最高人民法院关于适用〈中华人民共和国担保法〉若干问题的解释》第十九条第一款“两个以上保证人对同一债务同时或者分别提供保证时，各保证人与债权人没有约定保证份额的，应当认定为连带共同保证”之规定，案外人张某才、苏某华也与天府银行江汉支行签订有保证合同，约定对吉隆工程公司的债务提供连带担保责任，虽然罗某、罗某华与张某才、苏某华分别签署的是不同的保证合同，但均是对同一债务人的同一债务提供保证，且未约定保证份额，故罗某、罗某华、张某才、苏某华均系该债务的连带共同保证人。案涉承兑汇票于2016年1月28日到期，债务人吉隆工程公司未按约支付承兑汇票款项，2016年7月21日，天府银行江汉支行向四川省成都市武侯区人民法院立案，就涉案债权向吉隆工程公司、张某才、苏某华申请执行，根据《中华人民共和国担保法》第十二条规定，债权人在保证期间向保证人之一主张权利的效力，及于其他连带责任保证人。《最高人民法院关于审理民事案件适用诉讼时效制度若干问题的规定》第十七条规定，“对于连带债务人中的一人发生诉讼时效中断效力的事由，应当认定对其他连带债务人也发生诉讼时效中断的效力”，天府银行江汉支行向吉隆工程公司、张某才、苏某华催收债务的行为不仅中断了张某才、苏某华保证债务的诉讼时效，同时也对罗某、罗某华的诉讼时效发生中断的效力。故罗某、罗某华抗辩其保证期间已过的意见，于法无据，法院不予采纳；天府银行江汉支行有权要求罗某、罗某华对上述债务承担连带清偿责任。由于四川省成都市武侯区人民法院针对涉案主债权，已将案外人苏某华与张某才共有的房屋进入司法拍卖流程，尚无具体处置结果，故罗某、罗某华承担的保证范围应以上述债务扣除四川省成都市武侯区人民法院拍卖执行到位的款项后尚欠的债务为限。

六、抵押物优先受偿权

抵押合同约定罗某、罗某华就其所有的房屋为案涉债务提供抵押担保，并就该约定房屋办理了抵押登记，天府银行江汉支行作为该房屋的抵押权人，有权要求就该抵押物折价、拍卖或者变卖后所得价款优先受偿。至于罗某、罗某华抗辩称，抵押合同约定的抵押期限是2015年1月26日至2018年1月25日，抵押期限已过，天府银行江汉支行无权要求优先受偿权。法院认为，抵押合同约定："抵押人自愿为自 2015 年 1 月 26 日至 2018 年 1 月 25 日，在抵押权人处理约定的各类业务实际形成的债务的最高余额，折合人民币 492 万元提供担保。"根据天府银行江汉支行与吉隆工程公司签订的合同，承兑银行依约承兑了 820 万元的汇票，出票日期为 2015 年 7 月 28 日，汇票到期日为 2016 年 1 月 28 日。即本案主债务的形成日期为 2015 年 7 月 28 日，确实发生在 2015 年 1 月 26 日至 2018 年 1 月 25 日，而到期日为 2016 年 1 月 28 日。根据《中华人民共和国民法总则》第一百八十八条之规定，案涉债权的诉讼时效期间应为自 2016 年 1 月 28 日起三年，同时，天府银行江汉支行于 2016 年 7 月 21 日向四川省成都市武侯区人民法院申请执行，根据《中华人民共和国民法总则》第一百九十五条"有下列情形之一的，诉讼时效中断，从中断、有关程序终结时起，诉讼时效期间重新计算……（四）与提起诉讼或者申请仲裁具有同等效力的其他情形"之规定，故抵押权人天府银行江汉支行于 2019 年 4 月 16 日向法院提起诉讼主张抵押权，发生主债务的诉讼时效中断，诉讼时效应予重新计算，故其主张抵押权发生在主债权的诉讼时效期间，根据《中华人民共和国物权法》第二百零二条"抵押权人应当在主债权诉讼时效期间行使抵押权；未行使的，人民法院不予保护"之规定，对天府银行江汉支行主张抵押权的诉讼请求法院依法予以支持。

四川省成都市青羊区人民法院依照《中华人民共和国合同法》第一百九十六条、第二百零五条、第二百零六条、第二百零七条，《中华人民共和国担保法》第十二条、第十八条、第三十三条，《最高人民法院关于适用〈中华人民共和国担保法〉若干问题的解释》第十九条，《中华人民共和国物权法》第二百零二条，《中华人民共和国民法总则》第一百八十八条、第一百九十五条，《中华人民共和国民事诉讼法》第六十四条、第一百四十二条之规定，判决：

一、罗某、罗某华于本判决发生法律效力之日起十日内，偿还天府银行江汉支行承兑垫款本金 4051925.83 元、违约金 410000 元及截至 2019 年 4 月 22 日的资金利息 2388622.725 元，并支付自 2019 年 4 月 23 日起以本金 4051925.83 元为基数，按照日利率 5‰计算至垫款本金清偿之日止的资金利息（吉隆工程公司已支付的手续费 41000 元与上述罗某、罗某华应付的违约金 410000 元及资金利息之和，应以本金 4052030 元为基数，按照年利率 24% 计算为限）；

二、罗某、罗某华于本判决发生法律效力之日起十日内，支付天府银行江汉支行为实现债权产生的律师费27474元；

三、上述第一项、第二项的应付款项，应扣除四川省成都市武侯区人民法院（2019）川0107执恢85号之一执行裁定书中执行到位款项；罗某、罗某华就剩余款项，向天府银行江汉支行在最高额4920000元的担保范围内承担连带清偿责任；

四、天府银行江汉支行，有权就罗某、罗某华所有的房屋折价或者拍卖、变卖后所得价款，在担保范围内依法受偿；

五、罗某、罗某华承担担保责任后，有权向吉隆工程公司追偿；

六、驳回天府银行江汉支行其他诉讼请求。

【法官后语】

人民法院在处理借款纠纷中，当存在多个连带责任保证人时，债权人为了加快案件的审理进度以尽快实现债权，其在起诉时往往会根据保证人的自然情况、偿债能力等进行选择，而不将全部保证人都列为案件被告，以避免出现公告送达、拖延诉讼的情形。由此带来的问题是，债权人在保证期间内仅向部分保证人进行主张，那么其他连带保证人能否以保证期间内债权人未要求其承担保证责任为由免除自身的保证责任。对此，笔者结合本案，就连带保证的债权人向部分保证人主张保证责任，其效力是否及于其他保证人进行解答。

一、各连带保证人地位的认定

连带责任担保是当事人在保证合同中约定保证人与债务人对债务承担连带责任的一种担保方式。由保证人与主债务人对主合同债务承担连带责任，这意味着保证人与主债务人对主合同债务均负有全部清偿的责任。主债务人在债务履行期届满没有履行债务时由保证人承担保证责任。根据《最高人民法院关于适用〈中华人民共和国担保法〉若干问题的解释》第十九条“两个以上保证人对同一债务同时或者分别提供保证时，各保证人与债权人没有约定保证份额的，应当认定为连带共同保证”规定之精神，连带责任保证人作为一个整体共同对债权人承担保证责任，债权人向共同保证人中的一人主张权利，都是债权人要求保证人承担保证责任的行为。在连带责任保证的情况下，一旦主债务人到期不履行主合同债务，债权人既可以要求主债务人清偿债务，也可以要求保证人承担保证责任。故，承担连带责任保证的各保证人之间实际上处于连带债务人的地位，即各连带保证人负担的债务具有牵连性和同一性，债权人向任何一个保证人主张权利的法律效果都及于其他保证人。具体到本案，案外人张某才、苏某华也与天府银行江汉支行签订有保证合同，约定对债务人吉隆工程公司的债务提供连带担保责任，虽然罗某、罗某华与张某才、苏某华分别签署了不同的保证合同，但均是对同一债务人的同一债务提供保证，且未约定保证份额，故罗某、罗某华、张某才、苏某华均系该债务的连带共同保证人。债权人向其他连带保证人张某才、苏某华主张权利的法律效果应当及于本案中的连带保证人，即罗某、罗某华。《中华人民共和国民法典》第六百九十九条同样沿袭了上述关于连带共同保证的立法精神，规定："同一债务有两个以上保证人的，保证人应当按照保证合同约定的保证份额，承担保证责任；没有约定保证份额的，债权人可以请求任何一个保证人在其保证范围内承担保证责任。"

二、连带共同保证的牵连性

根据《最高人民法院关于审理民事案件适用诉讼时效制度若干问题的规定》第十五条"对于连带债权人中的一人发生诉讼时效中断效力的事由，应当认定对其他连带债权人也发生诉讼时效中断的效力。对于连带债务人中的一人发生诉讼时效中断效力的事由，应当认定对其他连带债务人也发生诉讼时效中断的效力"之规定，连带共同保证的牵连性不仅体现在保证期间上，也体现在诉讼时效上。具体而言，如果债权人在保证期间内向保证人主张过权利，则从保证合同的诉讼时效开始起算。此时，债权人向部分连带共同保证人主张保证债务的，即构成对全体连带共同保证人诉讼时效的中断。本案中，案涉债务到期后，债务人吉隆工程公司未按约履行还款义务，2016年7月21日，天府银行江汉支行向成都市武侯区人民法院立案，就涉案债权向吉隆工程公司、张某才、苏某华申请执行，天府银行江汉支行向吉隆工程公司、张某才、苏某华催收债务的行为不仅中断了张某才、苏某华的保证债务的诉讼时效，同时也对罗某、罗某华的诉讼时效发生中断的效力。故罗某、罗某华称其保证期间已过的抗辩主张，于法无据，法院不予采纳；债权人天府银行江汉支行有权要求罗某、罗某华对上述债务承担连带清偿责任。

连带责任保证旨在有效保护债权人的合法权益，依法赋予债权人主张权利时的选择权，以最大可能地实现债权人的权利。对于债权人而言，其应充分利用连带共同保证对各保证人效力上的牵连性这一特征及其优势，最大限度地节约实现权利的成本，可就近选择主张权利的连带保证人、就近选择提起诉讼的法院、选择更易通知到的保证人等。当然，如为稳妥，也可向全体保证人主张权利。对于多个连带责任保证人来说，多个保证人作为一个整体对债权人承担保证责任，任一保证人都负有对全部债务承担保证责任的义务，连带保证人相对于债权人而言，在保证债务的履行上具有共同性、一致性和不可分性。债权人在保证期间内向任一保证人主张权利都意味着其向其他连带责任保证人进行了权利主张，因此债权人对其中一个保证人或者一部分保证人主张保证责任的效力及于其他保证人。

需要注意的是，《中华人民共和国民法典》对担保制度作出了重大修改。涉及本案的相关法律条文主要有：

一是《中华人民共和国民法典》统一规定没有约定或约定不明的保证期间。第六百九十二条规定，债权人与保证人可以约定保证期间，但是约定的保证期间早于主债务履行期限或者与主债务履行期限同时届满的，视为没有约定；没有约定或者约定不明确的，保证期间为主债务履行期限届满之日起六个月。《最高人民法院关于适用〈中华人民共和国担保法〉若干问题的解释》第三十二条规定，保证合同约定的保证期间早于或者等于主债务履行期限的，视为没有约定，保证期间为主债务履行期届满之日起六个月。保证合同约定保证人承担保证责任直至主债务本息还清时为止等类似内容的，视为约定不明，保证期间为主债务履行期届满之日起二年。该条区分了保证期间没有约定和约定不明两种情形，分别规定了保证期间，易产生混淆。《中华人民共和国民法典》统一规定了没有约定或者约定不明确的，保证期间为主债务履行期限届满之日起六个月，清晰明确，有利于法律的适用。

二是《中华人民共和国民法典》增加了保证人承担保证责任后享有债权人对债务人的权利。第七百条规定，保证人承担保证责任后，除当事人另有约定外，有权在其承担保证责任的范围内向债务人追偿，享有债权人对债务人的权利，但是不得损害债权人的利益。《中华人民共和国担保法》第三十一条规定，保证人承担保证责任后，有权向债务人追偿。《中华人民共和国民法典》第七百条增加了保证人承担保证责任后，不仅享有追偿权，亦享有债权人对债务人的权利。该条款赋予了保证人享有债权人的权利，即可享有债权人代位权、撤销权、破产财产分配权、债权转让权、债务免除权等，增加了保证人权利的类型及行使权利的方式。

编写人：四川省成都市青羊区人民法院　张瑶

25

债权人起诉连带保证人执行不能后可再行起诉债务人

——工行洪山支行诉陈某武、泽皓公司借款合同案

【案件基本信息】

1. 裁判书字号

湖北省武汉市中级人民法院（2019）鄂01民终7936号民事判决书

2. 案由：借款合同纠纷

3. 当事人

原告（被上诉人）：工行洪山支行

被告（上诉人）：陈某武

第三人（被上诉人）：泽皓公司

【基本案情】

2007年6月12日，陈某武与工行洪山支行签订两份《个人购房借款/担保合同》，合同约定：陈某武分别向工行洪山支行借款84万元和89万元，用于购买两套房屋，陈某武用以上购买的两套房屋向工行洪山支行提供抵押担保，并办理期房抵押登记，泽皓公司对以上两笔借款提供连带保证责任。工行洪山支行按约定发放贷款后，陈某武仅履行部分还款义务。

2009年1月18日，泽皓公司与陈某武签订《解除合同协议书》，解除双方签订的《武汉市商品房买卖合同》，同时约定：泽皓公司分别退还陈某武购房首付款567250元、607250元，陈某武在工行洪山支行办理的按揭借款84万元本金及利息，89万元本金及利息，全部由泽皓公司承担。但是没有证据表明《解除合同协议书》已实际履行和陈某武已实际收到退款。

2009年6月15日，工行洪山支行以陈某武未按期归还借款本息为由起诉陈某武及泽皓公司，由于陈某武下落不明，工行洪山支行撤回了对陈某武的起诉。2010

年8月11日，工行洪山支行与泽皓公司达成调解协议，湖北省武汉市洪山区人民法院依法制作并送达了（2009）洪民商初字第483号民事调解书，载明：泽皓公司于2010年8月30日前向工行洪山支行偿还借款本金1577986.6元以及利息、罚息；泽皓公司如逾期不履行调解书的上述义务，工行洪山支行有权以案涉两套房屋折价或以拍卖、变卖该财产的价款优先受偿。因泽皓公司未能履行（2009）洪民商初字第483号民事调解书，工行洪山支行于2010年9月6日提出强制执行申请，后在法院主持下达成执行和解协议，但该和解协议未能实际履行，泽皓公司未清偿工行洪山支行任何款项。

2017年7月6日，湖北省武汉市新洲区人民法院作出（2017）鄂0117破2号民事裁定书，受理由申请人逸夫公司提出的对泽皓公司进行破产清算的申请。2017年11月22日，工行洪山支行向破产清算管理人进行债权申报，申报金额包括（2009）洪民商初字第483号民事调解书确定的债权本息。此后，工行洪山支行提起诉讼。

【案件焦点】

陈某武是否应按照《个人购房借款/担保合同》承担偿还借款本息的责任。

【法院裁判要旨】

湖北省武汉市洪山区人民法院经审理认为：2007年6月12日，陈某武与工行洪山支行签订两份《个人购房借款/担保合同》，该合同合法有效，陈某武、工行洪山支行及泽皓公司均未对合同效力提出异议。工行洪山支行依照合同约定如期发放了贷款，陈某武理应承担还款责任。但陈某武仅履行了部分还款义务，其余部分应该依约还款。对工行洪山支行主张的借款本金人民币1468942.6元，利息810792.25元（计算至2014年6月21日），陈某武对数额并没有异议，但认为自己至今没有收房，不应该还款。法院认为，泽皓公司没有向陈某武交房，陈某武可以另案向泽皓公司主张权利，不能以此作为拒不承担还本付息的理由。2009年1月18日，泽皓公司与陈某武签订《解除合同协议书》，但是作为债权人的工行洪山支行明确表示不同意还本付息责任仅由泽皓公司承担。根据《中华人民共和国合同法》第八十四条规定，该债务转移对工行洪山支行没有约束力，工行洪山支行仍然可以向陈某武主张权利。2010年8月11日，工行洪山支行与泽皓公司达成调解协议，法院制作并送达（2009）洪民商初字第483号民事调解书，在该调解书的执行过程中，双方又达成和解协议。但该和解协议仍没有得到履行。

虽然案涉债权有（2009）洪民商初字第483号民事调解书予以确认，但调解书并未得到履行，工行洪山支行没有根据此调解书得到任何款项。在陈某武与工行洪山支行的按揭购房关系中，工行洪山支行是债权人，陈某武是债务人，泽皓公司是连带责任保证人。当保证人已经进行破产清算程序不能履行保证义务时，作为债权人的工行洪山支行可以向债务人陈某武主张权利。（2009）洪民商初字第483号民事调解书不应成为本案判决的障碍。需要指出的是，由于（2009）洪民商初字第483号民事调解书已经生效，工行洪山支行已经在武汉市新洲区人民法院申报破产债权，工行洪山支行通过破产清算程序受偿的债权份额，在本案执行中予以相应扣减。

湖北省武汉市洪山区人民法院依照《中华人民共和国合同法》第八条、第六十条、第八十四条、第一百零七条，《中华人民共和国担保法》第十八条，《中华人民共和国民事诉讼法》第一百五十二条，判决：

一、陈某武于本判决生效之日起十五日内向工行洪山支行给付借款本金1468942.6元，利息810792.25元（计算至2014年6月21日）；

二、陈某武于本判决生效之日起十五日内向工行洪山支行给付2014年6月22日之后的利息（以1468942.6元为基数，按《个人购房借款/担保合同》约定的利息计算至本判决确定的给付之日止）。

陈某武不服一审判决，提起上诉。

湖北省武汉市中级人民法院经审理同意一审法院裁判意见，依照《中华人民共和国民事诉讼法》第一百七十条第一款第一项的规定，判决：

驳回上诉，维持原判。

【法官后语】

在部分商品房预售买卖合同中，贷款银行、购房人与开发商三方约定，在合同所涉期房正式办理不动产抵押登记之前，由开发商对购房人的银行借款承担连带保证责任。在此情形下，如果借款人不能按期偿还贷款，则贷款银行多会将购房人和开发商一同作为被告起诉，要求连带清偿所欠贷款。一般而言，不会出现本案仅要求开发商承担还款责任后，由于执行期间开发商没有偿还能力，导致债务未能清偿，作为债权人的银行再另行起诉债务人的情形。因为此种情形较为少见，司法实践中对类似案件的处理存在一定的认识误区，部分人持“否定说”，即认为案涉债务已有生效裁判文书予以确认，债权人在前诉中已就实现债务的方式作了选择，因此不能再另行起诉债务人。

为澄清上述误解，对此问题可从法教义学视角进行解读。在我国现行法律规范中，规定连带责任的基础性法律规范为《中华人民共和国民法典》第一百七十八条第一款：“二人以上依法承担连带责任的，权利人有权请求部分或者全部连带责任人承担责任。”对连带责任保证的法律规范依据为《中华人民共和国民法典》第六百八十八条第二款：“连带责任保证的债务人不履行到期债务或者发生当事人约定的情形时，债权人可以请求债务人履行债务，也可以请求保证人在其保证范围内承担保证责任。”司法实践中，“否定说”的观点认为，法律规定在连带责任之债中，债权人可请求部分或者全部连带责任人承担责任，既然债权人在前诉中已经放弃了向债务人追偿债务的权利，且其债权已有生效裁判文书予以确认，若允许其另行起诉债务人，则会导致债权人就同一债权得到双重清偿的后果。通过对上述观点的分析，可以得知其立论的基本依据为《最高人民法院关于适用〈中华人民共和国民事诉讼法〉的解释》第二百四十七条，即重复诉讼的规定。但根据该条规定，重复诉讼的认定需要满足三个条件：一是后诉与前诉的当事人相同；二是后诉与前诉的诉讼标的相同；三是后诉与前诉的诉讼请求相同，或者后诉的诉讼请求实质上否定前诉裁判结果。结合本案事实可以清楚地看到，债权人在债权没有得到清偿的情形下，另行起诉债务人，其请求权基础明显不同，并不符合重复诉讼的构成要件。因此，“否定说”的观点没有理论和法律依据。

因此，本案中债权人可以再行就债务人提起诉讼。在肯定债权人可以另行起诉债务人的基础上，结合本案的实际情况，以下事项必须同时予以明确说明，即当债权人要求债务人清偿债务请求得到支持的情况下，会出现同一债权有两份生效裁判文书同时予以确认的情形。为避免债权人获得双重清偿，应当在后诉裁判文书中明确，在后诉案件执行过程中，应扣除债权人在前案执行程序中已得到清偿的部分，避免发生债权人获得双重清偿的情形。

编写人：湖北省武汉市洪山区人民法院　冉超

26

保证人对超出最高债权余额限度代为清偿的借款本息无权向债务人追偿

——谢某文诉远梦地产公司、郭某华追偿权案

【案件基本信息】

1. 裁判书字号

江西省吉安市中级人民法院（2019）赣08民终1145号民事判决书

2. 案由：追偿权纠纷

3. 当事人

原告（上诉人）：谢某文

被告（被上诉人）：远梦地产公司、郭某华

第三人：饶某龙

【基本案情】

2015年2月17日，远梦地产公司及法定代表人郭某华因公司经营需要资金周转，向饶某龙借款300万元。双方签订的借款合同约定：借款本金300万元，月利率3.5%，借期1个月。同日，谢某文与饶某龙签订了一份最高额保证合同，约定保证人谢某文愿意为债权人饶某龙与债务人远梦地产公司于2015年2月17日至3月16日形成的债权提供最高债权余额为300万元的担保，并明确保证范围包括主合同项下借款本金、利息、罚息、复利、违约金等，保证方式为连带责任担保。上述合同签订后，饶某龙按远梦地产公司要求的方式交付了300万元。借款合同履行期届满后，远梦地产公司、郭某华未还本付息。但谢某文在2015年3月16日至12月25日，以月利率3.5%的标准，先后向饶某龙指定的账户归还本息累计373.63万元。2017年12月20日，饶某龙出具了一份情况说明，称谢某

文代远梦地产公司、郭某华向其归还了借款本金300万元及利息109.26万元。谢某文履行完担保责任后，远梦地产公司、郭某华一直未还款给谢某文。2018年1月15日，谢某文以其已代远梦地产公司、郭某华向饶某龙清偿借款本息为由诉至法院。

【案件焦点】

保证人谢某文对超出最高债权余额限度300万元而代为清偿的借款本息能否向债务人远梦地产公司和郭某华追偿。

【法院裁判要旨】

江西省吉安市遂川县人民法院经审理认为：债权人饶某龙与债务人远梦地产公司、郭某华成立借款合同关系。谢某文为远梦地产公司、郭某华的借款提供连带担保责任，并签订了最高额保证合同。谢某文作为连带责任保证人，在债务人逾期未归还借款本息的情况下，代偿借款本息后，有权向债务人进行追偿。依谢某文与饶某龙签订的最高额保证合同约定，谢某文担保债权的最高额为300万元整，虽然该合同中另行约定了保证担保的范围包括本合同项下借款本金、利息、罚息等贷款人实现债权的一切费用，但谢某文担保债权的最高余额仅为300万元，故谢某文归还给第三人饶某龙超过300万元限额外的本息无权向远梦地产公司、郭某华追偿。

江西省吉安市遂川县人民法院，依照《中华人民共和国担保法》第十四条、第三十一条之规定，判决：

一、远梦地产公司、郭某华于本判决生效后十日内返还谢某文代偿款300万元；

二、驳回谢某文其他诉讼请求。

谢某文不服一审判决，提起上诉。

江西省吉安市中级人民法院经审理认为：在最高额保证中，保证人的责任范围就是最高债权额限度内的债权余额。本案中，依据饶某龙与谢某文签订的《最高额保证合同》第一条约定，案涉借款本金、利息、罚息、费用等均属于债权余额范畴。如果该300万元最高限额仅指借款本金，那么对于保证人而言，其可能负担的债权是一个未知数，这有违《中华人民共和国担保法》关于最高额保证制度的立法本意。故谢某文本应依合同约定，在最高限额300万元之内对所发生的借款本金、利息以及贷款人实现债权的费用等承担保证责任，而对超出该300万元限额的部分不承担责任。根据《中华人民共和国担保法》第三十一条规定，担保人只要按照担保合同的约定向债权人清偿责任后，即可取得对债务人的追偿权。但若担保人承担保证责任时，实际给付的金额大于担保合同约定的金额，则对于超出部分，保证人不得向债务人追偿。

江西省吉安市中级人民法院依照《中华人民共和国民事诉讼法》第一百七十条第一款第一项规定，判决：

驳回上诉，维持原判。

【法官后语】

当下，社会主义市场经济日趋活跃，因合同关系产生的债权债务越来越庞杂，而由于当前社会尚且存在信用缺失的现象，导致很多到期债权无法得到清偿，因而实践中债务人常常以保证方式向债权人保证其能及时清偿债务。在保证方式中，最高额保证制度因其特有的灵活性而受到债权人和保证人的青睐。

随着最高额保证制度的广泛使用，与该制度相关的法律适用问题也逐渐出现，本案涉及的核心焦点是保证人自行履行在借贷关系中承担的最高额保证责任时，如其实际代为清偿的借款本金、利息等债务额度大于合同约定的最高债权余额限度，对超出部分，保证人是否有权向债务人追偿。从法理及利益平衡等因素考量，答案是否定的。首先，保证人代为清偿超过最高债权余额限度的债务超出了各方合意。保证人代为清偿超过最高债权余额限度的借款本息，并非各方当事人订立保证合同时意思表示一致的结果，不具有法定或约定的原因，也有违最高额保证制度之限额保证这一主要特征，故不应认定保证人实施的超出各方合意的行为对债务人具有相应法律效力。实际上，谢某文成为保证人是基于债务人远梦地产公司的委托。依委托之基本法理，对于保证人超出债务人之委托范畴，而自行承担的保证责任的部分，自然不产生委托的法律效果。其次，支持保证人对代偿的超过最高债权余额限度部分享有追偿权，有可能损害其他债权人的利益。日常生活中，保证人与债权人之间除了存在担保合同关系之外，还可能因借贷、买卖、货物运输、加工承揽等经济活动而建立其他产生金钱往来的法律关系。当债务人的财产不足以清偿多个债权人的债权时，如保证人与某个债权人恶意串通，将他们之间因其他法律关系发生的往来款项主张为债务人应向该债权人偿还的超过最高债权余额限度的借款本息时，必然会损害其他债权人的利益。最后，不支持保证人的请求，有利于警示同类案件中的保证人依法行使抗辩权。作为保证人，在承担保证责任时，既可以行使自身对债权人的抗辩权，也可以行使债务人对债权人的抗辩权。本案中，保证人谢某文在自行承担保证责任时，并未根据保证合同关于300万元最高债权余额限度的约定，向债权人行使抗辩权，拒绝偿还超过300万元的借款本息。相反，保证人谢某文按月利率3.5%向债权人饶某龙还本付息。谢某文怠于行使抗辩权，使其已清偿的超过300万元的款项部分能否最终得以归还处于未知状态。而且，债务人应否偿还保证人已实际支付的年借贷利率24%～36%之间部分的自然之债，是另一个有争议的问题。保证人怠于行使抗辩权，可能导致自身及债务人的利益均遭受损失。

当然，保证人对超出最高债权余额限度代为清偿的借款本息部分，虽无权向债务人追偿，但保证人可以另行提起不当得利之诉，向债权人请求返还其已为的给付。

关于本案中涉及的法律要点，《中华人民共和国民法典》及其司法解释中有新的变化，需要在今后审理类似案件时加以注意。

一是关于保证人抗辩权的变化。《中华人民共和国担保法》第二十条规定，一般保证和连带责任保证的保证人享有债务人的抗辩权。债务人放弃对债务的抗辩权的，保证人仍有权抗辩。抗辩权是指债权人行使债权时，债务人根据法定事由，对抗债权人行使请求权的权利。《中华人民共和国民法典》第七百零二条规定，债务人对债权人享有抵销权或者撤销权的，保证人可以在相应范围内拒绝承担保证责任。该条明确了保证人享有债务人抗辩权的内容，具体为抵销权和撤销权。债务人享有抵销权或者撤销权，保证人可以在相应范围内直接拒绝承担保证责任，而非《中华人民共和国担保法》第二十条规定的代位抗辩，《中华人民共和国民法典》的规定更为直接、具体，增强了对保证人权利的保护。

二是关于民间借贷利息的规定的变化。最高人民法院严格落实《中华人民共和国民法典》第六百八十条“禁止高利放贷”的原则精神，2020年修订的《最高人民法院关于审理民间借贷案件适用法律若干问题的规定》将有关民间借贷利息的规定调整为：以中国人民银行授权全国银行间同业拆借中心每月20日发布的一年期贷款市场报价利率（LPR）的4倍为标准确定民间借贷利率的司法保护上限，取代了“以24%和36%为基准的两线三区”的规定，从而大幅度降低了民间借贷利率的司法保护上限，促进民间借贷利率逐步与我国经济社会发展的实际水平相适应。

三是关于保证人承担保证责任后享有债权人对债务人的权利的变化。《中华人民共和国担保法》第三十一条规定，保证人承担保证责任后，有权向债务人追偿。《中华人民共和国民法典》第七百条规定，保证人承担保证责任后，除当事人另有约定外，有权在其承担保证责任的范围内向债务人追偿，享有债权人对债务人的权利，但是不得损害债权人的利益。相对于《中华人民共和国担保法》第三十一条，该条增加了保证人承担保证责任后，不仅享有追偿权，亦享有债权人对债务人的权利。赋予了保证人享有债权人的权利，即可享有债权人代位权、撤销权、破产财产分配权、债权转让权、债务免除权等，增加了保证人权利的类型及行使权利的方式。

编写人：江西省吉安市中级人民法院　吴富强

27

数个保证人中一人履行了保证责任后与债务人重新约定还款期限的，在还款期限届满前不得向其他保证人行使追偿权

——牛某诉聂某梅等追偿权案

【案件基本信息】

1. 裁判书字号

新疆生产建设兵团乌鲁克垦区人民法院（2019）兵0202民初132号民事判决书

2. 案由：追偿权纠纷

3. 当事人

原告：牛某

被告：聂某梅、杨某勇、宋某利、唐某平

【基本案情】

2014年2月14日，罗某、杨某云因种植土地需要资金，与工商银行巴音郭楞蒙古自治州分行签订《个人借款\担保合同》及《个人贷款业务商户联动协议》，罗某、杨某云从该行贷款480000元，贷款期限为一年，牛某、聂某梅、杨某勇、宋某利、唐某平为上述贷款本息的共同连带责任担保人，均签字确认。贷款到期后，罗某、杨某云未能偿还贷款本息，新疆维吾尔自治区库尔勒市铁路运输法院作出（2016）新7102民初135号民事调解书某，确定：1. 罗某、杨某云归还贷款本金272106.71元，支付至2016年5月21日罚息36766.65元；2. 罗某、杨某云按年利率10.35%向银行支付罚息自2016年5月22日至清偿之日（按本金272106.71元为基数计算）；3. 牛某、聂某梅、杨某勇、宋某利、唐某平对以上两项债务承担连带还款责任。牛某、聂某梅、杨某勇、宋某利、唐某平承担保证责任后，有权向罗某、杨某云追偿。

上述民事调解书生效后，罗某、杨某云及其他保证人未按约定履行调解书所确定的还款义务，工商银行巴音郭楞蒙古自治州分行向新疆维吾尔自治区库尔勒市铁路运输法院申请强制执行。在执行过程中，牛某向新疆维吾尔自治区库尔勒市铁路运输法院交纳274295.36元，聂某梅、杨某勇夫妻交纳30000元，宋某利、唐某平夫妻交纳30000元，新疆维吾尔自治区库尔勒市铁路运输法院于2018年9月29日分别向牛某、聂某梅、杨某勇、宋某利、唐某平出具了结算票据。2018年9月28日，由于牛某、聂某梅、杨某勇、宋某利、唐某平五名保证人替债务人罗某、杨某云偿还了部分贷款，罗某、杨某云向聂某梅、杨某勇出具欠条一份，其内容为："现欠聂某梅、杨某勇替罗某还工商银行巴音郭楞蒙古自治州分行的贷款30000元，分三年还清，2021年12月31日前付清，欠款人罗某、杨某云。"罗某、杨某云同时向宋某利、唐某平出具欠条一份，其内容为："现欠宋某利、唐某平替罗某还工商银行巴音郭楞蒙古自治州分行的贷款30000元，分三年还清，2021年12月31日前付清，欠款人罗某、杨某云。"2018年9月29日，罗某向牛某出具借条一份，其内容为："今借到牛某替罗某还工商银行巴音郭楞蒙古自治州分行贷款274295.36元，于2020年开始还款，每年12月31日前还20000元，直到还完为止，借款人罗某。"2018年9月28日，宋某利向牛某的父亲牛某勇出具欠条一份，其内容为："今欠牛某勇10600元（系为罗某承担担保责任），2018年12月31日前还给牛某勇。"以上欠条及借条复印件均来源于新疆维吾尔自治区库尔勒市铁路运输法院档案室，法院注明原件在当事人手中。

【案件焦点】

保证人牛某履行保证责任后，债务人罗某向牛某重新出具借条约定的还款期限尚未到期，能否向其他保证人行使追偿权。

【法院裁判要旨】

新疆生产建设兵团乌鲁克垦区人民法院经审理认为：《中华人民共和国担保法》第十二条规定："……已经承担保证责任的保证人，有权向债务人追偿，或者要求承担连带责任的其他保证人清偿其应当承担的份额。"本案中，牛某作为已经承担保证责任的保证人，在新疆维吾尔自治区库尔勒市铁路运输法院执行过程中替债务人罗某、杨某云偿还债务274295.36元后，虽然有权要求承担连带责任的其他保证人聂某梅、杨某勇、宋某利、唐某平清偿其应当承担的份额，但是由于债务人罗某向牛某重新出具借条约定："今借到牛某替罗某还工商银行巴音郭楞蒙古自治州分行贷款274295.36元，于2020年开始还款，每年12月31日前还20000元，直到还完为止。"该借条经新疆维吾尔自治区库尔勒市铁路运输法院确认在当事人手中，说明牛某已经接受了借条约定的内容，因此该借条合法有效，债务人罗某、杨某云及保证人牛某应按该借条的约定行使权利并履行义务。根据借条的约定，债务人罗某、杨某云向牛某的还款期限尚未到期，如果支持牛某向其他保证人行使追偿权，必然会否定罗某向牛某重新出具的借条效力（对还款期限的约定）。因此，在罗某向牛某重新出具的借条履行期限届满之前，牛某尚不具备条件向其他保证人行使追偿权。另外，如果支持牛某向其他保证人行使追偿权，其他保证人偿还债务后又可向债务人罗某、杨某云再行使追偿权，牛某、聂某梅、杨某勇、宋某利、唐某平亦可持其重新出具的欠条和借条再向债务人罗某、杨某云行使追偿权，导致连环追偿，增加诉累，同时也违反了债务人罗某、杨某云向其他保证人牛某、聂某梅、杨某勇、宋某利、唐某平重新出具欠条和借条的真实意思表示。

新疆生产建设兵团乌鲁克垦区人民法院依照《最高人民法院关于适用〈中华人民共和国民事诉讼法〉的解释》第九十条的规定，判决：

驳回牛某的诉讼请求。

【法官后语】

《中华人民共和国担保法》第十二条规定："……已经承担保证责任的保证人，有权向债务人追偿，或者要求承担连带责任的其他保证人清偿其应当承担的份额。"牛某作为已经承担保证责任的保证人，履行保证责任后，虽然有权要求承担连带责任的其他保证人聂某梅、杨某勇、宋某利、唐某平清偿其应当承担的份额，但是由于债务人罗某向牛某重新出具借条并约定还款期限，说明牛某已经接受了借条约定的内容，因此该借条合法有效，债务人罗某、杨某云及保证人牛某应按该借条的约定行使权利并履行义务。根据借条的约定，债务人罗某、杨某云向牛某的还款期限尚未到期，如果支持牛某向其他保证人行使追偿权，必然会否定罗某向牛某重新出具的借条效力。因此，在罗某向牛某重新出具的借条履行期限届满之前，牛某尚不具备条件向其他保证人行使追偿权。

牛某作为已经承担保证责任的保证人，有权向债务人追偿，或者要求承担连带责任的其他保证人清偿其应当承担的份额，这是法律明确规定的。但是，牛某接受罗某向牛某重新出具的借条后，再次向其他保证人主张追偿权，违反了诚实信用原则和依合同履行义务的原则。另外，如果支持牛某向其他保证人行使追偿权，其他保证人偿还债务后又可向债务人罗某、杨某云再行使追偿权，牛某、聂某梅、杨某勇、宋某利、唐某平亦可持其重新出具的欠条和借条再向债务人罗某、杨某云行使追偿权，导致连环追偿增加诉累，同时也违反了债务人罗某、杨某云向其他保证人牛某、聂某梅、杨某勇、宋某利、唐某平重新出具欠条和借条的真实意思表示。

需要注意的是，《中华人民共和国担保法》第三十一条规定，保证人承担保证责任后有权向债务人追偿。《中华人民共和国民法典》第七百条规定，保证人承担保证责任后，除当事人另有约定外，有权在其承担保证责任的范围内向债务人追偿，享有债权人对债务人的权利，但是不得损害债权人的利益。该条对于保证人承担保证责任后享有的权利有所变化，相对于《中华人民共和国担保法》第三十一条，增加了保证人承担保证责任后，不仅享有追偿权，亦享有债权人对债务人的权利。该条款赋予了保证人享有债权人的权利，即保证人可享有债权人代位权、撤销权、破产财产分配权、债权转让权、债务免除权等，增加了保证人权利的类型及行使权利的方式。但关于连带共同保证人对其他共同保证人是否享有追偿权，现有条文似无明确规定，需要相关司法解释进一步释明。

编写人：新疆生产建设兵团乌鲁克垦区人民法院　沈国华

28

主合同与反担保合同关于保证期间的起算规则差异

——李某智诉欧某鹏等追偿权案

【案件基本信息】

1. 裁判书字号

湖南省郴州市中级人民法院（2020）湘10民终602号民事判决书

2. 案由：追偿权纠纷

3. 当事人

原告（上诉人）：李某智

被告（被上诉人）：欧某鹏、邝某源、三农院

【基本案情】

2015年12月28日，邝某源、李某智向郴州农商行出具一份《共同借款人承诺书》，其中载明：推荐邝某源作为代表人办理借款手续，借款金额为100000元，期限为24个月，代表人在银行所立借据形成的债务是双方的共同债务，双方自愿对借款承担连带清偿责任。同日，邝某源与郴州农商行签订了一份《个人借款合同》，双方约定：1. 借款用途为经营三农院推广，借款金额为100000元；2. 借款期限为24个月，自实际提款之日起计算，借款利率为月利率6.9583‰。次日，郴州市人力资源和社会保障局经济开发区分局、李某智分别与郴州农商行签订《保证合同》，

合同主要约定：1. 对邝某源的借款承担连带责任担保，担保范围为债务本金、利息等费用；2. 担保期限为主债务履行期限届满之日起二年。

2016年1月7日，邝某源、欧某鹏、三农院共同向李某智出具一份《承诺书》，载明："今承诺李某智为三农院（法人邝某源）借到郴州市开发区人力资源创业贷款资金10万元提供的担保，保证两年之内按时归还清，一定不会让李某智承担。如出现没有按时归还的情形，则让出股份10%，或者5倍偿还李某智。"

2015年12月28日《个人借款合同》到期后，邝某源偿还贷款本金8081.28元，剩余91918.72元由郴州市人力资源和社会保障局经济开发区分局于2018年7月4日代偿。郴州市人力资源和社会保障局经济开发区分局于2018年向湖南省郴州市北湖区人民法院起诉要求邝某源、李某智偿还上述代偿款项。湖南省郴州市北湖区人民法院于2019年2月28日作出（2018）湘1002民初3662号民事判决，认定案涉贷款100000元系邝某源、李某智两人的共同债务，依法判决由邝某源、李某智偿还郴州市人力资源和社会保障局经济开发区分局91918.72元。该判决生效后，李某智自行偿还郴州市人力资源和社会保障局经济开发区分局1000元代偿款。同时，在诉讼中，湖南省郴州市北湖区人民法院依法冻结李某智的银行存款100000元。

三农院成立于2008年3月20日，系普通合伙企业。邝某源在涉案贷款期间系该院的执行事务合伙人。2018年3月5日，变更周某为该院的执行事务合伙人。2018年12月24日，邝某源退出合伙。欧某鹏现系该院的普通合伙人之一。

【案件焦点】

1. 李某智与邝某源、欧某鹏、三农院之间的法律关系应当如何认定；2. 本案是否超过保证期间，李某智的诉讼请求是否应予支持。

【法院裁判要旨】

湖南省郴州市苏仙区人民法院经审理认为：本案系保证合同纠纷。案涉《承诺书》系邝某源、欧某鹏、三农院为李某智与邝某源于2015年12月28日共同向郴州农商行借款100000元提供的保证担保，该保证担保系当事人的真实意思表示，且不违反法律、法规的强制性规定，合法有效。因没有约定保证方式，依照《中华人民共和国担保法》第十九条之规定，应按照连带责任保证承担保证责任。《承诺书》约定的“保证两年之内按时归还清10万元贷款”，该保证合同约定的保证期间等于主债务履行期限，依照《最高人民法院关于适用〈中华人民共和国担保法〉若干问题的解释》第三十二条之规定，视为没有约定，保证期间为主债务履行期届满之日起六个月。故李某智应在涉案的主债务10万元借款履行期限届满之日起六个月内要求邝某源、欧某鹏、三农院承担保证责任。逾期保证人免除保证责任。涉案的主债务于2017年12月28日到期，李某智作为该笔借款的共同债务人，明知邝某源及其本人均未按借款期限偿还借款本息，李某智应最迟于2018年6月28日前向邝某源、欧某鹏、三农院主张保证责任。然而李某智于2019年11月22日才向一审法院起诉要求承担保证责任，于法不符，故对李某智的诉讼请求，不予支持。

湖南省郴州市苏仙区人民法院依照《中华人民共和国担保法》第五条、第六条、第十三条、第十九条、第二十六条，《最高人民法院关于适用〈中华人民共和国担保法〉若干问题的解释》第三十一条、第三十二条第一款，《中华人民共和国民事诉讼法》第一百四十二条之规定，判决：

驳回原告李某智的诉讼请求。

李某智不服一审判决，提起上诉。

湖南省郴州市中级人民法院经审理认为：《中华人民共和国担保法》第四条规定，第三人为债务人向债权人提供担保时，可以要求债务人提供反担保。反担保适用本法担保的规定。根据该规定，反担保是担保的担保，是为了保障保证人承担担保责任后实现对债务人追偿而设定的担保。反担保所担保的对象并非主债权，而是主债权的担保人对债务人的追偿权，这是一种未来的、尚未产生的追偿债权。反担保所担保的债权（追偿权）的范围、履行期限、期间等都是不确定的，需根据日后主债权的实现情况来具体确定。本案中，《共同借款人承诺书》《个人借款合同》《保证合同》及湖南省郴州市北湖区人民法院（2018）湘1002民初3662号生效民事判决等证据证实，案涉贷款100000元对外系邝某源、李某智两人的共同债务。但根据《承诺书》约定的内容可知，三农院和邝某源是案涉贷款的实际借款人，李某智仅提供担保；邝某源、欧某鹏、三农院就案涉贷款向李某智提供了反担保。因此，李某智与邝某源、欧某鹏、三农院之间系担保与反担保关系。

《中华人民共和国担保法》第三十一条规定，保证人承担保证责任后，有权向债务人追偿。根据该条规定，担保保证人对主债务人的追偿权应从其承担责任之日起成立，也从该日起担保人才有向反担保人主张承担反担保保证责任的权利。反担保责任的履行应以保证人已履行担保责任为前提，只有担保主债权的担保人履行了担保责任，才取得对主债务人的追偿权。本案中，李某智要求邝某源、欧某鹏、三农院承担担保责任的前提是李某智自己作为担保人已实际承担了主债权的担保责任。而实际上，李某智至今仅代偿了案涉100000元贷款中的1000元，故李某智行使本案追偿权的条件尚未完全成就，待李某智实际代偿了案涉贷款，履行了担保责任后可向邝某源、欧某鹏、三农院进行追偿。反担保的保证期间应当从担保人实际履行担保责任之日起计算（反担保保证期间的起算以追偿权成立为条件），而非从主债权履行期届满之日起开始起算，一审判决混淆了主合同的保证期间与反担保人的保证期间，从而认定本案已过保证期间属适用法律错误，法院予以纠正。综上所述，一审判决认定事实清楚，适用法律错误，但裁判结果正确，予以维持。

湖南省郴州市中级人民法院依照《中华人民共和国民事诉讼法》第一百七十条第一款第一项规定，判决：

驳回上诉，维持原判。

【法官后语】

下面结合《中华人民共和国民法典》关于保证合同的新规定，探讨一下《中华人民共和国民法典》关于反担保的新变化。

一、关于反担保的表述有变化，但实质仍是担保的担保

《中华人民共和国民法典》第六百八十九条规定："保证人可以要求债务人提供反担保。"按照《中华人民共和国担保法》第四条第一款"第三人为债务人向债权人提供担保时，可以要求债务人提供反担保"的规定，反担保是担保的担保，是为了保障保证人承担担保责任后实现对债务人追偿而设定的担保。反担保所担保的对象并非主债权，而是主债权的担保人对债务人的追偿权，这是一种未来的，尚未产生的追偿债权。反担保所担保的债权（追偿权）的范围、履行期限、期间等都是不确定的，需根据日后主债权的实现情况来具体确定。准确理解反担保是担保的担保，是正确运用反担保制度的基础，也是在诉讼中选择正确诉讼思路的逻辑前提。本案中，一审法院错误地计算了反担保人的保证期间的起算点，表面上看是因为法

律没有明确规定反担保人保证期间的起算点，但更深层次的原因是没有充分理解反担保制度的逻辑构造和制度内涵。

二、保证期间约定不明时，保证期间由二年变更为六个月

反担保与本担保的保证期间性质相同，同属于除斥期间。根据《中华人民共和国民法典》第六百九十二条第一款、第二款规定：“保证期间是确定保证人承担保证责任的期间，不发生中止、中断和延长。债权人与保证人可以约定保证期间，但是约定的保证期间早于主债务履行期限或者与主债务履行期限同时届满的，视为没有约定；没有约定或者约定不明确的，保证期间为主债务履行期限届满之日起六个月。”按照《最高人民法院关于适用〈中华人民共和国担保法〉若干问题的解释》第三十二条规定：“保证合同约定保证人承担保证责任直至主债务本息还清时为止等类似内容的，视为约定不明，保证期间为主债务履行期届满之日起二年。”《中华人民共和国民法典》实施后，该条司法解释不再适用，即保证期间约定不明时，保证期间为六个月。反担保保证期间是指反担保保证人在所担保的追偿债务履行期限届满后，容许担保人向其主张反担保责任的最长期限。对于追偿债务履行期限届满日的确定，当事人有约定的从约定，无约定的应当以追偿权得以行使之日（本担保人向主债权人实际承担担保责任之日为准）起六个月。

三、一般保证的诉讼时效从权利消灭之日起算

《中华人民共和国民法典》第六百九十四条第一款规定：“一般保证的债权人在保证期间届满前对债务人提起诉讼或者申请仲裁的，从保证人拒绝承担保证责任的权利消灭之日起，开始计算保证债务的诉讼时效。”按照《最高人民法院关于适用〈中华人民共和国担保法〉若干问题的解释》第三十四条规定，“从判决或者仲裁裁决生效之日起，开始计算保证合同的诉讼时效”。一般保证的诉讼时效起算点发生了变化，《中华人民共和国民法典》实施后，该条司法解释不再适用。在反担保合同签订时，反担保人所担保的债权尚未发生，反担保人实际上是对未来可能发生的债权所提供的一种担保。因此，与普通担保不同，反担保在担保合同签订时并不以所担保的债权（追偿权）实际发生为前提，在担保的从属性上要求较低。同时，反担保所担保的债权（追偿权）的范围、履行期限、期间等都是不确定的，需根据日后主债权的实现情况来具体确定。本案中，李某智至二审庭审结束前只代偿了 100000 元贷款中的 1000 元，故本案作为反担保人的李某智的担保责任并不能算

真正发生。其担保的债权范围、履行期限、担保期间需要等偿还主要贷款后才最终确定。反担保是为了保障保证人承担担保责任后实现债务人追偿权而设定的担保，反担保责任的履行应以保证人已履行担保责任为前提。主合同的保证期间与反担保人的保证期间二者适用的起算规则不同，反担保人的保证期间应当从担保人实际履行了担保责任之日起计算。

四、保证人享有追偿权与代位权，但《中华人民共和国民法典》取消了保证人之间相互追偿

按照《中华人民共和国民法典》第七百条规定："保证人承担保证责任后，除当事人另有约定外，有权在其承担保证责任的范围内向债务人追偿，享有债权人对债务人的权利，但是不得损害债权人的利益。"《中华人民共和国担保法》第三十一条规定："保证人承担保证责任后，有权向债务人追偿。"本案中，李某智作为反担保中的保证人，其担保的对象为追偿权，故李某智对邝某源、欧某鹏、三农院的追偿权应自其承担担保责任之日起方可成立。所以，二审法院最终认定本案反担保的"保证期间应当从担保人实际履行了担保责任之日起计算"，而非从主债权履行期届满之日起开始起算。一审法院错误计算了反担保人保证期间的起算点，据此认定本案反担保已超过保证期间错误。按照《最高人民法院关于适用〈中华人民共和国担保法〉若干问题的解释》第二十条第二款规定："连带共同保证的保证人承担保证责任后，向债务人不能追偿的部分，由各连带保证人按其内部约定的比例分担。没有约定的，平均分担。"而《中华人民共和国民法典》未再规定保证人享有向其他连带责任保证人追偿的权利。另外，《中华人民共和国民法典》第七百条中"享有债权人对债务人的权利"如何理解，是否意味着法定的债权转让、保证人是否由此享有债权人的担保权利，还有待立法部门及司法部门进一步解释。

综上所述，反担保人担保的是一种未来的、尚未产生的追偿债权。只有债务人出现违约，在约定期限届满未能向债权人履行义务时，担保人承担担保义务进行代偿取得追偿权。追偿债权的权利人是担保人，债务人是借款人，权利来源于双方的委托担保合同，担保人行使权利受阻时，可要求作为追偿债权担保方的反担保人承担担保责任。

编写人：湖南省郴州市中级人民法院　陈道勇

29

保证人在主债务履行期届满后作出保证不适用保证期间制度

——中信银行诉达因力合公司等金融借款合同案

【案件基本信息】

1. 裁判书字号

北京市西城区人民法院（2019）京0102民初380号民事判决书

2. 案由：金融借款合同纠纷

3. 当事人

原告：中信银行

被告：达因力合公司、达因科技公司、能基投资公司

【基本案情】

1998年12月28日，中信银行与达因力合公司签署《人民币借款合同》，约定：中信银行向达因力合公司提供1700万元贷款，提款日期为1999年1月15日，还款日期为1999年11月15日。中信银行如约放款。贷款期满后，达因力合公司未能全部偿还贷款本息，尚有100万元本金未还，且从2001年6月21日起，未再依约支付利息。

2002年1月，达因科技公司、能基投资公司向中信银行出具《保证书》，承诺由达因科技公司与能基投资公司为案涉借款合同项下100万元人民币本金及该合同项下所有欠息承担连带责任的保证担保。

后中信银行于2002年8月14日、2006年10月31日、2008年10月17日、2011年9月2日、2004年11月12日、2010年11月4日、2011年11月25日、2012年11月22日、2013年12月13日、2014年12月3日、2015年11月11日、2016年12月2日等时间，以当面、向注册地邮寄并公证的方式向达因力合公司送达《逾期贷款索偿函》《逾期贷款催收函》等催收款项文件，督促达因力合公司

还款。

中信银行于2002年8月14日、2006年11月8日、2007年11月2日、2008年11月、2009年7月2日、2011年9月2日、2011年11月25日、2012年11月22日、2013年12月13日、2014年12月3日、2015年11月11日、2016年12月2日等时间，以当面、向注册地邮寄并公证的方式向保证人达因科技公司、能基投资公司送达《逾期贷款协助催收函》《逾期贷款催收函》《逾期贷款担保催收函》等催收款项文件，要求两公司承担担保责任。

【案件焦点】

1. 达因科技公司、能基投资公司在主债务履行期届满后出具《保证书》，应认定与中信银行构成何种法律关系；2. 主债务履行期届满后作出的保证是否适用保证期间制度。

【法院裁判要旨】

北京市西城区人民法院经审理认为：

一、达因科技公司、能基投资公司在主债务履行期届满后出具《保证书》，应认定与中信银行构成保证合同关系

有观点认为，在欠款已经逾期后作出保证的行为，应认定为作出保证承诺者进行了债的加入。对于此种观点，法院认为不宜适用于本案。其一，本案中，各方当事人均对达因科技公司、能基投资公司与中信银行构成保证关系并无异议，均未主张构成债的加入。其二，各方来往文件及函件中，均基于保证关系进行沟通。其三，若认定为债的加入，达因科技公司、能基投资公司在承担完保证责任后，或将丧失对达因力合公司的追偿权，这与达因科技公司、能基投资公司出具《保证书》时对于其义务与权利的认知相悖。违反各方当事人的意思自治，强行将相关法律关系界定为债的加入并不妥切。因此，达因科技公司、能基投资公司与中信银行构成保证合同关系。

二、主债务履行期届满后作出的保证是否适用保证期间制度

法院认为，对于主债务履行期届满后作出的保证，若约定了保证期间，在该约定不违法亦不从根本上否定保证承诺的情况下，应从其约定。而若是未约定保证期间，则不宜适用保证期间制度。其理由在于，在连带责任保证中，法律仅规定了，

保证人在主债务履行期届满前作出了保证，未约定保证期间的，债权人须自主债务履行期届满之日起六个月内要求保证人承担保证责任。就保证期间的维度而言，法律并未要求债权人对于主债务履行期届满后作出的连带保证须在某一个时间内要求保证人承担保证责任，以满足保证期间制度的要求。当然，债权人的权利也并非不受到任何制约，其依然受到诉讼时效制度的制约。

北京市西城区人民法院依据《中华人民共和国民法总则》第一百八十八条第一款，《中华人民共和国民法通则》第一百三十五条、第一百四十条，《中华人民共和国合同法》第八条、第六十条第一款、第一百零七条，《最高人民法院关于适用〈中华人民共和国担保法〉若干问题的解释》第二十二条第一款、第四十二条，《最高人民法院关于审理民事案件适用诉讼时效制度若干问题的规定》第十条第一款第一项至第二项、第十六条，《最高人民法院关于使用〈中华人民共和国民法总则〉诉讼时效制度若干问题的解释》第二条，《中华人民共和国民事诉讼法》第六十四条第一款之规定，判决：

一、达因力合公司于本判决生效后十日内偿还中信银行贷款本金1000000元以及罚息（以实际欠款为基数，按日利率万分之三计算，自2001年6月21日起计算至实际支付日止）；

二、达因科技公司、能基投资公司对本判决第一项内容承担连带保证责任；达因科技公司、能基投资公司在承担连带保证责任后，有权向达因力合公司追偿；

三、驳回中信银行的其他诉讼请求。

【法官后语】

保证期间的法律适用较为复杂，而且存在不确定性，厘清保证期间在保证责任上的实质性影响，对于债权人合理预期其债权实现风险意义重大。保证期间的性质在实务届和理论界存在三种意见：一是认为属于诉讼时效；二是认为属于除斥期间；三是认为属于特殊除斥期间。《最高人民法院关于适用〈中华人民共和国担保法〉若干问题的解释》采取了保证期间为除斥期间的主张。未在保证期间内行使保证权利，丧失的不仅是胜诉权，而是将丧失整个权利。此外，债权人行使权利的期间应当是固定的，不应当发生中断、中止或延长，否则将使保证人承担责任处于不确定状态。

《最高人民法院关于适用〈中华人民共和国担保法〉若干问题的解释》明确规

定保证期间自主债务履行期届满之日起算。还规定，保证期间早于或者等于主债务履行期限的，视为没有约定，保证期间为主债务履行期届满之日起六个月。另规定，保证合同约定保证人承担保证责任至主债务本息还清时为止等类似内容的，视为约定不明，保证期间为主债务履行期届满之日起二年。而对于保证人在主债务履行期届满后出具《保证书》应认定与债权人构成何种法律关系，是否需要受到保证期间制度的调整，在实务界存在较大争议。

有观点认为，在欠款已经逾期后作出保证的行为，应认定为作出保证承诺者进行了债的加入。其理由为，《中华人民共和国担保法》第六条规定："本法所称保证，是指保证人和债权人约定，当债务人不履行债务时，保证人按照约定履行债务或者承担责任的行为。"当欠款已经逾期后，债务人不履行债务已经成为事实状态，故此时作出的保证，并非一般意义上的担保，应认定为作出保证承诺者与债权人构成了新的债权债务关系，即债的加入。

本案中，违反各方当事人的意思自治，强行将相关法律关系界定为债的加入并不妥切。《最高人民法院关于适用〈中华人民共和国担保法〉若干问题的解释》第二十二条第一款规定："第三人单方以书面形式向债权人出具担保书，债权人接受且未提出异议的，保证合同成立。"故各方构成保证合同关系。

另有观点认为，主债务履行期届满后作出的保证亦适用保证期间，若无约定保证期间，则保证期间为作出保证后的六个月。前述观点由来并类比适用于《中华人民共和国担保法》第二十六条之规定："连带责任保证的保证人与债权人未约定保证期间的，债权人有权自主债务履行期届满之日起六个月内要求保证人承担保证责任。在合同约定的保证期间和前款规定的保证期间，债权人未要求保证人承担保证责任的，保证人免除保证责任。"

本案中，保证期间为保证人承担保证责任的起止期间，也是债权人依保证合同主张保证人履行保证责任的有效期间。保证期间从主债务履行期届满或符合法律规定的约定时间开始起算，如在保证期间内，债权人向保证人主张权利的，保证期间作用停止，保证债务不受保证期间的限制，而只受制于诉讼时效的限制。在保证期间内，债权人不向保证人主张权利的，保证人的保证债务消灭。因此，保证期间是当主债务履行期限届满或者约定的时间届至后，债务人能够向保证人主张承担保证责任的最长时间。

对于主债务履行期届满后作出的保证，若约定了保证期间，在该约定不违法亦不从根本上否定保证承诺的情况下，应从其约定。而在没有约定的情况下，现行法律并未要求债权人对于主债务履行期届满后作出的连带保证，须在某一段时间内要求保证人承担保证责任，以满足保证期间制度的要求。保证人在主债务履行期届满后作出保证，若是未约定保证期间，则不宜适用保证期间制度。

需要注意的是，《中华人民共和国民法典》对没有约定或约定不明的保证期间进行了统一规定。《最高人民法院关于适用〈中华人民共和国担保法〉若干问题的解释》第三十二条规定："保证合同约定的保证期间早于或者等于主债务履行期限的，视为没有约定，保证期间为主债务履行期届满之日起六个月。保证合同约定保证人承担保证责任直至主债务本息还清时为止等类似内容的，视为约定不明，保证期间为主债务履行期届满之日起二年。"将保证期间区分为没有约定和约定不明二种情形，且分别规定了保证期间，易产生混淆。《中华人民共和国民法典》第六百九十二条规定，"债权人与保证人可以约定保证期间，但是约定的保证期间早于主债务履行期限或者与主债务履行期限同时届满的，视为没有约定；没有约定或者约定不明确的，保证期间为主债务履行期限届满之日起六个月"。统一规定了没有约定或者约定不明确的，保证期间为主债务履行期限届满之日起六个月，清晰明确，有利于法律的适用。

编写人：北京市西城区人民法院　舒锐

30

连带保证期间的计算方式与诉讼时效的关系

——张某红诉梁某疆保证合同案

【案件基本信息】

1. 裁判书字号

新疆生产建设兵团第八师中级人民法院（2019）兵08民终858号民事判决书

2. 案由：保证合同纠纷

3. 当事人

原告（被上诉人）：张某红

被告（上诉人）：梁某疆

【基本案情】

2015年6月10日，张某红与借款人许某签订借款合同，合同内容为借款人许某向张某红借款2870000元，借款期限为2015年6月10日至2015年12月10日。借款人到期时应按时还款，否则除应按同期银行贷款利息的4倍给付利息至出借人债权实现之日外，并应按借款总额的20%承担违约金，以及出借人为实现债权所发生的一切费用。梁某疆作为担保人在担保信息处签字。

2016年5月4日，张某红在新疆维吾尔自治区石河子市人民法院起诉许某、梁某疆，请求梁某疆承担连带担保责任。2016年5月30日，因梁某疆传票无法送达，张某红撤回对梁某疆的起诉。2016年6月7日，新疆维吾尔自治区石河子市人民法院作出（2016）兵9001民初3131号判决书，判决许某归还张某红借款2870000元并支付利息688800元。

2016年9月9日，张某红起诉梁某疆，请求梁某疆对许某债务承担担保责任，案号为（2016）兵9001民初6197号。2016年11月2日，张某红以双方私下达成和解为由撤回起诉。

2017年6月20日，张某红再次起诉梁某疆，请求梁某疆对许某债务承担担保责任，案号为（2017）兵9001民初4397号。2017年11月6日，张某红以梁某疆下落不明为由撤回起诉。

【案件焦点】

1. 梁某疆属于一般保证人还是连带保证人；2. 张某红请求梁某疆承担保证责任是否超过保证期间；3. 本案担保债务是否已过诉讼时效。

【法院裁判要旨】

新疆维吾尔自治区石河子市人民法院经审理认为：关于梁某疆属于哪种保证人的问题，张某红与梁某疆之间存在保证合同关系，该保证合同是双方真实意思表示，且不违反法律法规的强制性规定，应为合法有效。根据《中华人民共和国担保法》第十九条规定："当事人对保证方式没有约定或者约定不明确的，按照连带责任保证承担保证责任。"本案中对担保方式没有约定，故梁某疆应属于连带保证人。

关于是否超过保证期间的问题，根据《中华人民共和国担保法》第二十六条规定："连带责任保证的保证人与债权人未约定保证期间的，债权人有权自主债务履行期届满之日起六个月内要求保证人承担保证责任。在合同约定的保证期间和前款规定的保证期间，债权人未要求保证人承担保证责任的，保证人免除保证责任。"本案双方当事人未约定保证期间，故保证期间应从主债务履行期届满之日起计算六个月，即2015年12月10日至2016年6月10日。而张某红已在2016年5月4日起诉梁某疆承担连带保证责任，故张某红请求梁某疆承担连带保证责任并未超过保证期间。

关于诉讼时效问题，根据《最高人民法院关于适用〈中华人民共和国担保法〉若干问题的解释》第三十四条第二款规定："连带责任保证的债权人在保证期间届满前要求保证人承担保证责任的，从债权人要求保证人承担保证责任之日起，开始计算保证合同的诉讼时效。"本案中张某红在保证期间届满前（2016年5月4日）起诉梁某疆承担保证责任。2016年9月9日、2017年6月20日，张某红又分别起诉梁某疆要求其承担连带保证责任。根据《中华人民共和国民法总则》第一百八十八条第一款规定："向人民法院请求保护民事权利的诉讼时效期间为三年。法律另有规定的，依照其规定。"第一百九十五条规定："有下列情形之一的，诉讼时效中断，从中断、有关程序终结时起，诉讼时效期间重新计算：（一）权利人向义务人提出履行请求；（二）义务人同意履行义务；（三）权利人提起诉讼或者申请仲裁；（四）与提起诉讼或者申请仲裁具有同等效力的其他情形。"故本案担保债务诉讼时效已发生中断，担保债务诉讼时效应从2017年6月20日起重新开始计算。综上，本案担保债务并未超过诉讼时效。

新疆维吾尔自治区石河子市人民法院依照《中华人民共和国民法总则》第一百八十八条第一款、第一百九十五条，《中华人民共和国担保法》第十九条、第二十六条，《最高人民法院关于适用〈中华人民共和国担保法〉若干问题的解释》第三十四条第二款之规定，判决：

梁某疆于本判决生效之日起对新疆维吾尔自治区石河市人民法院（2016）兵9001民初3131号民事判决主文中确定的给付义务承担连带保证责任。

梁某疆不服一审判决，提起上诉。

新疆生产建设兵团第八师中级人民法院经审理认为：本案的争议焦点为：梁某疆是否对许某欠张某红的借款及利息承担连带责任。《最高人民法院关于民事诉讼证据的若干规定》第九条规定："下列事实，当事人无需举证证明……（四）已为人民法院发生法律效力的裁判所确认的事实……前款（一）、（三）、（四）、（五）、（六）项，当事人有相反证据足以推翻的除外。"经新疆维吾尔自治区石河子市人民法院（2016）9001民初3131号生效民事判决确认张某红与许某的借款合同为有效合同，梁某疆主张涉及他案借款合同无效与生效判决确认的事实相悖，且其亦未提供足以推翻该判决的证据，法院对新疆维吾尔自治区石河子市人民法院（2016）9001民初3131号民事判决的内容予以确认，故梁某疆主张主合同无效且导致担保合同无效的上诉理由不能成立，法院不予采信。《最高人民法院关于民事诉讼证据的若干规定》第二条规定："当事人对自己提出的诉讼请求所依据的事实或者反驳对方诉讼请求所依据的事实有责任提供证据加以证明。没有证据或者证据不足以证明当事人的事实主张的，由负有举证责任的当事人承担不利后果。"梁某疆陈述许某以其车辆抵偿张某红借款100万元，张某红对此不予认可，梁某疆亦未提交证据证实，法院对梁某疆的该陈述不予采信。梁某疆提出张某红在一审法院第一次撤诉时明确表示放弃其承担保证责任，通过张某红向一审法院提交的放弃梁某疆申请可见，因无法向梁某疆送达开庭传票，张某红才在该案中放弃对梁某疆的起诉，梁某疆的辩解理由不能成立，法院不予采信。根据《中华人民共和国担保法》第二十六条第一款规定，涉案借款于2015年12月10日到期，本案保证期间为2015年12月10日至2016年6月9日。张某红已于2016年5月4日向一审法院起诉梁某疆承担保证责任，其已在保证期间内向梁某疆主张权利，故梁某疆主张本案已过保证期间的上诉理由不能成立，法院不予采信。综上，梁某疆的上诉请求不成立，应予驳回。

新疆生产建设兵团第八师中级人民法院依照《中华人民共和国民事诉讼法》第一百七十条第一款第一项规定，判决：

驳回上诉，维持原判。

【法官后语】

连带保证期间中有两个关键问题：连带保证期间的计算方式和连带责任保证期间与诉讼时效的关系。

一、关于连带保证期间的计算方式

所谓连带责任保证期间，是根据当事人约定或者法律规定，债权人应当向保证人主张权利的期间，债权人没有在该期间主张权利，则保证人不再承担责任。对于连带责任保证期间的计算起点与时长，可分为法定计算方式、约定计算方式与宽限计算方式。

1. 从法定计算方式来看，《中华人民共和国民法典》第六百九十二条第二款规定："债权人与保证人可以约定保证期间，但是约定的保证期间早于主债务履行期限或者与主债务履行期限同时届满的，视为没有约定；没有约定或者约定不明确的，保证期间为主债务履行期限届满之日起六个月。"该条规定实际就确定保证期间的一般计算起点与时长为自主债务履行期限届满之日起开始计算，到何时为止，可以由当事人自行约定，没有约定的，规定为自主债务履行期限届满之日起六个月。

2. 约定计算方式，除法定方式外，如果保证合同约定了保证期间的起算时间与时长，应当尊重当事人的意思自治，从其约定。但当事人约定的计算起点必须要符合法律的规定，《最高人民法院关于适用〈中华人民共和国民法典〉有关担保制度的解释》第三十二条规定："保证合同约定保证人承担保证责任直至主债务本息还清时为止等类似内容的，视为约定不明，保证期间为主债务履行期限届满之日起六个月。"由此可知，对于保证期间的起算时间，如当事人在合同中约定排除主债务履行期限届满之日，而选择主债务履行期限届满之后的某个日期的法律不作限制。

3. 宽限计算方式，该种计算方式实际是对法定计算方式的补充，即当事人未约定主债务履行期限或者约定不明的情况下，由于无法确定保证期间的起算时间，转而赋予债权人补正的机会。《中华人民共和国民法典》第六百九十二条第三款规定："债权人与债务人对主债务履行期限没有约定或者约定不明确的，保证期间自债权人请求债务人履行债务的宽限期届满之日起计算。"

二、连带责任保证期间与诉讼时效的关系

《中华人民共和国民法典》第六百九十四条第二款规定："连带责任保证的债

权人在保证期间届满前请求保证人承担保证责任的，从债权人请求保证人承担保证责任之日起，开始计算保证债务的诉讼时效。”

1. 债权人在保证期间没有按照法定的方式要求保证人承担保证责任，保证人不再承担保证责任，因债权人对保证人的实体请求权消灭，因此保证期间一旦经过而债权人未向保证人主张，即起到了阻碍诉讼时效起算的作用。

2. 债权人在保证期间内向保证人主张权利，要求保证人承担责任的保证期间就失去了作用，开始按照诉讼时效之规定开始计算，有关诉讼时效中止、中断以及延长也同样适用。因此一旦债权人在保证期间内向保证人主张权利，即开始计算保证合同的诉讼时效。

需要注意的是，《中华人民共和国民法典》对本案中涉及的法律条文有所改变，今后在审理类似案件时将会有不同的结果。

一是推定保证方式的颠覆性改变。《中华人民共和国担保法》第十九条规定：“当事人对保证方式没有约定或者约定不明确的，按照连带责任保证承担保证责任。”《中华人民共和国民法典》第六百八十六条规定：“保证的方式包括一般保证和连带责任保证。当事人在保证合同中对保证方式没有约定或者约定不明确的，按照一般保证承担保证责任。”该条第二款与《中华人民共和国担保法》第十九条作出了完全相反的规定，即对于没有约定保证方式或约定不明的，不再将保证人的保证方式推定为连带责任保证，而推定为一般保证。基于此规定，债权人在不与保证人约定保证方式的情况下，将面临保证人责任减轻，追索债权难度加大的不利局面。

二是一般保证诉讼时效起算点改变。《最高人民法院关于适用〈中华人民共和国担保法〉若干问题的解释》第三十四条规定，“一般保证的债权人在保证期间届满前对债务人提起诉讼或者申请仲裁的，从判决或者仲裁裁决生效之日起，开始计算保证合同的诉讼时效”。按照本规定，一般保证从判决或者仲裁裁决生效之日开始计算诉讼时效，而此时债权人还未开始就债务人财产申请强制执行，一般保证人有权拒绝承担保证责任，在一般保证人不负有代为清偿义务时，即开始计算诉讼时效，有违法理。《中华人民共和国民法典》第六百九十四条规定，“一般保证的债权人在保证期间届满前对债务人提起诉讼或者申请仲裁的，从保证人拒绝承担保证责任的权利消灭之日起，开始计算保证债务的诉讼时效”。显然，该条规定更加合理，“保证人拒绝承担保证责任的权利消灭”以后，债权人应该主张权利，开始计算诉讼时效。“保证人拒绝承担保证责任的权利消灭”应依据该条规定进行确定，即从一般保证人的先诉抗辩权消灭之日开始计算保证债务的诉讼时效。

编写人：新疆维吾尔自治区石河子市人民法院　冯浩楠

31

保证人的追偿之诉是否为重复起诉

——何某庆诉黄某煌、胡某娥追偿权案

【案件基本信息】

1. 裁判书字号

福建省厦门市思明区人民法院（2019）闽0203民初20308号民事判决书

2. 案由：追偿权纠纷

3. 当事人

原告：何某庆

被告：黄某煌、胡某娥

【基本案情】

2012年2月24日，建行厦门分行与黄某煌签订一份《限价商品房组合借款合同》，约定：建行厦门分行向黄某煌提供住房公积金贷款36万元，用于购买厦门市集美区锦和里×号×室，借款期限228个月，自2012年2月24日至2031年2月24日。在住房公积金借款期限内，本合同项下住房公积金贷款执行年利率暂约定为4.9%，即执行中国人民银行公布的个人住房公积金贷款利率。本合同签订后、贷款首次发放前，如遇利率管理机构调整利率或利率政策发生重大变化时，则本合同执行起息日以当日中国人民银行公布实施的个人住房公积金贷款利率为基础重新计算贷款年利率。本合同项下住房公积金贷款自起息日起至贷款本息全部清偿之日止，贷款利率于每年的1月1日根据当日施行的中国人民银行公布的个人住房公积金贷款利率以及上调/下调幅度调整一次。本合同项下借款采用等额本金还款法

（递减法）分期还款。借款人不按本合同约定按时足额偿还借款本息或其他应付款项的，构成违约，贷款人有权宣布贷款立即到期，要求借款人立即清偿借款本息及相关费用。对于借款人未按时还清的任意一期借款本金和利息（包括被贷款人宣布全部或部分到期的借款本金和利息），自借款逾期之日起至拖欠本息全部清偿之日止，按本合同规则计算出的借款逾期罚息利率和约定的结息方式计收罚息和复利，逾期罚息利率为借款逾期之日个人住房公积金贷款利率的150%，贷款利率按照本合同约定进行调整的，逾期罚息利率根据调整后的贷款利率及浮动幅度同时进行相应调整。黄某煌以其购买的厦门市集美区锦和里×号×室房产提供抵押，抵押担保范围为本金、利息（包括复利和罚息）、违约金、建行厦门分行为实现债权和抵押权而发生的相关费用等。

同日，建行厦门分行与黄某煌、何某庆签订一份《保证合同》，何某庆愿意为黄某煌就《限价商品房组合借款合同》项下的债务提供连带责任保证，保证范围为本金、利息（包括复利及罚息）、违约金、建行厦门分行为实现债权与担保权利而发生的费用等。保证期间自本合同生效之日起至主合同项下债务履行期限届满之日后两年止。

2012年3月9日，厦门市集美区锦和里×号×室房产办理抵押权预告登记。2012年4月13日，建行厦门分行向黄某煌发放贷款36万元，贷款期限自2012年4月13日至2031年4月14日。

黄某煌未依合同约定按期足额偿还贷款本息，建行厦门分行向福建省厦门市思明区人民法院起诉黄某煌、何某庆，福建省厦门市思明区人民法院于2017年7月18日作出（2017）闽0203民初1892号民事判决书，判决：黄某煌应偿还建行厦门分行借款本金298420.95元及利息、罚息和复利；何某庆就黄某煌前述债务向建行厦门分行承担连带清偿责任，且何某庆承担保证责任后，有权向黄某煌追偿。上述判决生效后，建行厦门分行申请强制执行，何某庆于2019年8月26日代偿本息合计221294.44元，建行厦门分行申请执行结案。

【案件焦点】

在前判明确确认保证人的追偿权的情况下，保证人对债务人提起追偿权诉讼是否属于重复起诉。

【法院裁判要旨】

福建省厦门市思明区人民法院经审理认为：何某庆与黄某煌、建行厦门分行签订的《保证合同》系各方当事人真实意思表示，内容并不违反法律、行政法规的强制性规定，应认定为合法有效。现因黄某煌未按约还款，何某庆依约履行保证责任，代为偿付建行厦门分行221294.44元，有权向黄某煌追偿。何某庆要求黄某煌偿还代偿款221294.44元并支付自代偿之日（2019年8月26日）起按年利率6%计算的资金占用费，有事实和法律依据，予以支持。何某庆主张其还代偿54000元，该54000元实际系黄某煌向何某庆的借款，与本案并非同一法律关系，对该部分诉讼请求不予支持，何某庆应另案起诉。黄某煌向建行厦门分行的上述贷款发生于其与胡某娥婚姻关系存续期间，且贷款用于购买房产，形成夫妻共同财产，应认定为该债务用于夫妻共同生活。何某庆主张其所代偿的前述债务为黄某煌、胡某娥的夫妻共同债务，并要求胡某娥承担共同还款责任，有事实和法律依据，予以支持。黄某煌、胡某娥还应共同支付何某庆财产保全费1920元。

福建省厦门市思明区人民法院依照《中华人民共和国合同法》第六十条第一款、第一百零七条，《中华人民共和国担保法》第三十一条，《最高人民法院关于审理涉及夫妻债务纠纷案件适用法律有关问题的解释》第三条，《中华人民共和国民事诉讼法》第六十四条第一款、第一百四十四条规定，判决：

一、黄某煌、胡某娥应于本判决生效之日起十日内共同向何某庆支付代偿款221294.44元并支付资金占用费（资金占用费以应付代偿款为基数，自2019年8月26日起按年利率6%的标准计至实际还款之日止），同时支付财产保全费1920元；

二、驳回何某庆的其他诉讼请求。

【法官后语】

本案系保证人因承担保证责任后对债务人提出的追偿之诉，而其追偿权在债权人起诉的前诉判决中已得到确认。《中华人民共和国民法典》第七百条将《中华人民共和国担保法》第三十一条“保证人承担保证责任后，有权向债务人追偿”的规定修改为：“保证人承担保证责任后，除当事人另有约定外，有权在其承担保证责任的范围内向债务人追偿，享有债权人对债务人的权利，但是不得损害债权人的利益。”该条相对于《中华人民共和国担保法》第三十一条，增加了保证人承担保证责任后，不仅享有追偿权，亦享有债权人对债务人的权利。该条赋予了保证人享有债权人的权利，即可享有债权人代位权、撤销权、破产财产分配权、债权转让权、债务免除权等，增加了保证人权利的类型及行使权利的方式。在债权人一并起诉债务人与连带保证人并获胜诉的判决中，判决主文中往往会明确连带保证人在承担保证责任后有权向债务人追偿。在有该判决存在的前提下，连带保证人在实际承担保证责任后为行使自己的追偿权，有可能会向债务人提起追偿之诉。关于该追偿之诉，实务中存在不同见解。

第一种观点认为，只有在前诉判决书未明确追偿权的情形下，保证人才能按其承担保证责任的事实提起追偿之诉。反之，在前诉判决书已明确追偿权的情况下，保证人再提起追偿之诉与前诉构成重复起诉，违反“一事不再理”原则，应裁定驳回起诉。保证人行使追偿权只能依据前诉生效判决所确定的追偿权对债务人申请强制执行。

第二种观点认为，追偿权以保证人承担保证责任为前提，而实际承担保证责任的范围、代偿具体金额系前诉判决作出之后产生的新事实，并不属于前诉的审判对象范围，故追偿之诉并不构成重复起诉，不能以此为由裁定驳回，而应在查明代偿金额、是否存在重复履行、有无过错等事实的基础上依法作出裁判。

笔者认同第二种观点。首先，在前诉判决中明确保证人的追偿权本身就超出了当事人的诉讼请求范围，违反意思自治原则。法院审判的对象应当限于当事人的请求范围，以同时起诉债务人和保证人的民间借贷诉讼为例，债权人的诉讼请求主要为要求债务人还本付息和要求保证人承担保证责任，保证人承担保证责任后所享有的追偿权与债权人无关，债权人没有必要也没有权利将“保证人在承担保证责任后有权向债务人追偿”列为其诉讼请求，故法院在此类案件的判决中在判决主文明确保证人的追偿权超出了当事人的诉讼请求范围。

其次，保证人承担保证责任后如何向债务人追偿，属于保证人与债务人之间的关系问题。前诉判决处理的是债权人与债务人之间的债权债务关系及债权人与保证人之间的保证合同关系，如果仅因前诉判决中明确保证人的追偿权而导致保证人向债务人的追偿之诉成为重复起诉，显然剥夺了保证人针对债务人的诉权，同时也剥夺了债务人的诉权，债务人对保证人所主张的代偿事实理应有其正当的抗辩权利和程序。

再次，前诉明确追偿权的判项并无具体的给付内容，原则上难以执行。保证人若据该类似确权之判决申请执行，理应提供履行保证债务的相关证据，但该部分履行事实未经法院审理，直接作为执行依据欠妥。保证人的履行是否超出债务范围、是否存在过错、甚至有无赠与的意思表示等，均可构成债务人的抗辩事由，不能以执行程序中的审查代替诉讼的审理。

最后，前诉判决中明确保证人的追偿权虽有违当事人意思自治原则，但是系出于减轻保证人诉累的政策考量，在其已成既定事实和通行做法的情况下，赋予保证人径行申请强制执行的权利无疑是符合法律规定和解释精神的，但如果保证人选择另行起诉，法院也不应以重复起诉为由裁定驳回。本案即在此理解的基础上，支持了保证人关于要求债务人支付代偿款的诉讼请求，同时也注意审查了保证人并未就前诉判决申请执行，以避免当事人滥用诉讼权利。

编写人：福建省厦门市思明区人民法院　曾国川

32

刑民交叉民间借贷纠纷案件中担保责任的认定

——向某荣诉荣某清担保合同案

【案件基本信息】

1. 裁判书字号

湖南省株洲市芦淞区人民法院（2019）湘0203民初459号民事判决书

2. 案由：担保合同纠纷

3. 当事人

原告：向某荣

被告：荣某清

【基本案情】

2015年1月15日，荣某清以收款人兼担保人的名义向向某荣出具收条一张，载明："今收到向某荣投资邦鑫公司对接项目贰拾壹万元整（以荣某清名义签合同），月息1.5%，特立此据。每月10日利息汇入农行账户（每月利息3150元）（整月）。收款人：荣某清（签名并按手印）并担保，2015.1.15。"

向某荣于2015年1月15日向案外人刘某洋（原系邦鑫公司股东）的账户转账15万元，汇款单上备注的用途为借款。2014年7月15日，向某荣还向案外人王某（原系邦鑫公司财务人员）的账户转账6万元。

湖南省株洲市芦淞区人民检察院以株芦检刑诉（2016）224号起诉书指控薛某军犯集资诈骗罪，刘某洋、史某洋、刘某、吴某明、崔某从、邬某、张某平、肖某清、常某、荣某清涉嫌犯非法吸收公众存款罪，于2016年9月1日向湖南省株洲市芦淞区人民法院提起公诉，法院经审理后于2018年6月27日作出（2016）湘0203刑初230号刑事判决，认定薛某军、刘某洋、荣某清等犯非法吸收公众存款罪，同时判决对荣某清已经退缴的人民币合计701695元，按比例发还给各集资人；集资人的余下损失责令薛某军、刘某洋退赔给各集资人。在该刑事案件的司法鉴定意见中，明确以荣某清为投资人的名义借入的金额为127万元，归还本金53557元，归还利息236444.67元，归还本息合计290001.67元，债务余额为979998.33元。

双方当事人在庭审中一致确认，向某荣的21万元款项全部以荣某清的名义投入邦鑫公司，并与邦鑫公司签订合同，且计入刑事判决中认定的以荣某清为投资人名义借入的127万元金额中。双方还共同确认：向某荣2014年7月15日支付给案外人王某的款项6万元，由荣某清以个人名义与邦鑫公司签订了合同，该款到期后，与向某荣2015年1月15日投入的15万元一起再次由荣某清投入该公司，故荣某清于当日向向某荣出具了21万元的收条。向某荣认为，其投入的21万元款项未以个人名义，而是以荣某清的名义列入刑事案件的投资名单中，荣某清在出具给向某荣的收条中注明担保，故其应当承担担保责任。

【案件焦点】

1. 向某荣能否提起民事诉讼；2. 荣某清是否应承担偿还借款本息的担保责任。

【法院裁判要旨】

湖南省株洲市芦淞区人民法院经审理认为：首先，虽然荣某清等被生效刑事判决认定为有罪，但出借人起诉担保人承担担保责任，其责任主体与刑事案件的责任主体并不一致，如果是连带担保的担保人，在承担担保责任后，可向债务人进行追偿，也不会导致重复或冲突，且荣某清本身已经作为投资人计入刑事案件中，本案中其担保的21万元款项也算入了其投资总额中。

其次，《最高人民法院关于审理民间借贷案件适用法律若干问题的规定》第八条明确规定："借款人涉嫌犯罪或者生效判决认定其有罪，出借人起诉请求担保人承担民事责任的，人民法院应予受理。"担保制度的设立就是为了在债务人不履行合同或不适当履行合同时，债权人可从担保人处获得履行或补救，如果借款人被认定犯罪，出借人不能通过民事诉讼追究担保责任的话，担保就失去了意义。具体到本案中，2015年1月15日，荣某清向向某荣出具的收条上有其本人的签名，在收条上荣某清注明了其担保人的身份，该收条系荣某清的真实意思表示；且在诉讼中向某荣已明确要求荣某清承担的是担保责任，故向某荣可向法院提起民事诉讼。

本案的担保法律关系不因荣某清等人构成非法吸收公众存款罪而当然无效。虽然荣某清在收取向某荣款项后，再以个人名义投入邦鑫公司的行为已经被生效法律文书认定构成非法吸收公众存款罪，但刑事责任是依据刑法规范对其行为作出的法律评价，而对出借人与担保人形成的担保关系，则属于民法规范评价和调整的范畴。因此，荣某清向向某荣出具收条，并自愿作为担保人对债务进行担保的行为有效，且向某荣在将款项交与荣某清或邦鑫公司时，并不知道该行为系违法犯罪行为，也不存在其与荣某清或邦鑫公司其他员工串谋等构成合同无效的其他情形，但向某荣作为完全民事行为能力人，应当知道投资（出借资金）有风险，故其自身对资金款项的损失存在一定的过错。根据查明的事实，双方当事人的过错比例酌情认定为1∶9，即荣某清应对向某荣的款项承担90%的担保责任，即189000元。在庭审中查明的荣某清已经向向某荣支付的款项13710元，应当予以抵扣，向某荣损失尚余175290元，荣某清应当承担返还给向某荣的担保责任。又因本案债务人的行为已经构成犯罪，故向某荣仅可以通过民事诉讼主张返还本金损失，对于利息等其他间接损失法院不予支持。

湖南省株洲市芦淞区人民法院依照《中华人民共和国合同法》第一百零七条，《中华人民共和国担保法》第十九条与《最高人民法院关于审理民间借贷案件适用法律若干问题的规定》第八条、第十三条第二款之规定，判决：

一、荣某清于本判决生效之日起十日内向向某荣返还款项175290元；

二、驳回向某荣的其他诉讼请求。

【法官后语】

近年来，在民间借贷、P2P等融资活动中，法院受理的与涉嫌诈骗、非法吸收公众存款等犯罪有关的民商事案件的数量有所增加，出现了一些新情况和新问题。本案就涉及与非法吸收公众存款犯罪有关的民刑交叉案件之间的程序关系，以及受害人能否单独提起民事诉讼要求担保人承担相应责任、担保合同的效力、担保人责任大小的认定等问题。

担保制度的设立是为了在债务人不履行合同或不适当履行合同时，债权人可从担保人处获得履行或补救，如果借款人被认定犯罪，出借人不能通过民事诉讼追究担保责任的话，担保就失去了意义。

《最高人民法院关于审理民间借贷案件适用法律若干问题的规定》第十二条规定："借款人或者出借人的借贷行为涉嫌犯罪，或者已经生效的裁判认定构成犯罪，当事人提起民事诉讼的，民间借贷合同并不当然无效。人民法院应当依据民法典第一百四十四条、第一百四十六条、第一百五十三条、第一百五十四条以及本规定第十三条之规定，认定民间借贷合同的效力。担保人以借款人或者出借人的借贷行为涉嫌犯罪或者已经生效的裁判认定构成犯罪为由，主张不承担民事责任的，人民法院应当依据民间借贷合同与担保合同的效力、当事人的过错程度，依法确定担保人的民事责任。"本案中，担保法律关系不因荣某清等人构成非法吸收公众存款罪而当然无效。虽然荣某清在收取向某荣款项后，再以个人名义投入邦鑫公司的行为已经被生效法律文书认定构成非法吸收公众存款罪，但刑事责任是依据刑法规范对其行为作出的法律评价，而对出借人与担保人形成的担保关系，则属于民法规范评价和调整的范畴。因此，荣某清向向某荣出具收条，并自愿作为担保人对债务进行担保的行为有效，且向某荣在将款项交与荣某清或邦鑫公司时，并不知道该行为系违法犯罪行为，也不存在其与荣某清或邦鑫公司其他员工串谋等构成合同无效的其他情形，但向某荣作为完全民事行为能力人，应当知道投资（出借资金）有风险，故其自身对资金款项的损失存在一定的过错。

湖南省株洲市芦淞区人民法院　张青

三、抵　押

33

抵押人以抵押权超过法定行使期限为由，要求债权人协助办理解除涉案房屋抵押登记的请求应予支持

——宝源公司诉中经信公司等抵押合同案

【案件基本信息】

1. 裁判书字号

北京市朝阳区人民法院（2019）京0105民初58716号民事判决书

2. 案由：抵押合同纠纷

3. 当事人

原告：宝源公司

被告：中经信公司、中行朝阳支行、信达北京分公司

【基本案情】

2000年11月2日，宝源公司作为借款人与中行朝阳支行作为贷款人签订《借款合同》，约定：本合同项下的借款金额150万元整，借款期限从本合同生效之日起为12个月，借款利率为5.85%。同日，中行朝阳支行与宝源大连分公司签订《抵押合同》，约定：宝源大连分公司（抵押人）愿意以自有的、有处分权的财产作为宝源公司（借款人）向中行朝阳支行（抵押权人）借款的抵押物，抵押权人经审查同意接受抵押人提供的抵押财产清单列明的财产作为借款抵押物，本合同担保范围为基于2000年11月2日签订的借款合同发生的全部债务（本金不超过150

万元）后附抵押财产清单载明：抵押财产所在地为大连经济技术开发区翠竹小区×号楼商业网点×号，抵押值为150万元，占管人为宝源大连分公司，所有权或使用权权属为宝源大连分公司。

2002年6月12日，宝源公司作为借款人、宝源大连分公司作为抵押人与中行朝阳支行作为贷款人（抵押权人）签订《补充协议》，约定解除双方之前协商订立的以贷还贷的《借款合同》及《抵押合同》，同意继续按照原《借款合同》和《抵押合同》各自继续享有权利并履行义务。

2002年9月，抵押房屋设立房屋抵押权。房屋所有权证载明房屋为大开黄海西路91号×号房屋，房屋他项权人为中行朝阳支行，权利价值150万元。

前述合同到期后，宝源公司未足额还款，中行朝阳支行向北京市朝阳区人民法院提出支付令申请。2004年1月6日，法院依中行朝阳支行申请作出（2004）朝民督字第2482号支付令，支付令内容为：被申请人宝源公司应当自收到本支付令之日起十五日内偿还申请人中行朝阳支行贷款人民币150万元及利息（其中截至2003年12月20日的利息为360252.42元，自2003年12月21日至本息付清之日，按照中国人民银行有关规定计算）。

另查明，中行朝阳支行对宝源公司享有《借款合同》项下的债权，对涉案房屋也已通过抵押登记取得了抵押权，随后中行朝阳支行以债权转让形式将债权转让给信达北京分公司，信达北京分公司又转让给中经信公司，现中经信公司称其对宝源大连分公司抵押房产享有抵押权。庭审中，宝源大连分公司则称中行朝阳支行、信达北京分公司、中经信公司均未行使抵押权，已经超期，故应解除对涉案房屋的抵押登记。

【案件焦点】

抵押人以抵押权超过法定行使期限为由，要求债权人协助办理解除涉案房屋抵押登记的请求能否获得支持。

【法院裁判要旨】

北京市朝阳区人民法院经审理认为：《中华人民共和国物权法》第二百零二条规定："抵押权人应当在主债权诉讼时效期间行使抵押权；未行使的，人民法院不予保护。"本案的争议焦点是涉案抵押权是否已经超过主债权诉讼时效的行使期间。

依照宝源公司与中行朝阳支行订立的《借款合同》，借款应于2001年11月2日到期，后双方于2002年6月12日签订《补充协议》，约定解除双方之前协商订立的以贷还贷的《借款合同》及《抵押合同》，同意继续按照原《借款合同》和《抵押合同》各自继续享有权利、履行义务，此时宝源公司对《借款合同》项下尚欠中行朝阳支行的款项重新作了确认，故主债务诉讼时效于2002年6月12日中断。后中行朝阳支行向法院提出支付令申请，请求宝源公司支付涉案主债务，法院作出（2004）朝民督字第2482号支付令准许了中行朝阳支行的申请，后该支付令生效，后中行朝阳支行于2004年1月30日以支付令启动了执行程序。

债权人主张债权的行为与要求行使抵押权的行为，是两个不同行为，相互之间不能替代。支付令生效后十余年间，涉案债权持有人由中行朝阳支行先后变更为信达北京分公司与中经信公司，但依据现有证据，在申请支付令之前及之后，中行朝阳支行、信达北京分公司、中经信公司均未在法律规定期限内向宝源大连分公司主张抵押权，故对涉案抵押权不应再予保护。现宝源大连分公司据此提出判令中经信公司、中行朝阳支行、信达北京分公司协助办理解除涉案房屋抵押登记手续的请求，具有事实及法律依据，法院予以支持。

北京市朝阳区人民法院依照《中华人民共和国物权法》第二百零二条之规定，判决：

中经信公司、中行朝阳支行、信达北京分公司于本判决生效之日起十日内协助宝源公司解除于大连市大开黄海西路91号×号房屋设立的以中行朝阳支行为抵押权人、权利价值为150万元的抵押登记手续。

【法官后语】

《中华人民共和国民法典》第四百一十九条规定："抵押权人应当在主债权诉讼时效期间行使抵押权；未行使的，人民法院不予保护。"该条款中"不予保护"含义的明确依赖于对诉讼时效和抵押权性质的分析。

首先，就诉讼时效而言，其以请求权人怠于行使权利持续至法定期间的状态为规制对象，目的在于让罹于时效的请求权人承受不利益，以起到促使其及时行使权利之作用，依民法理论通说，其适用范围限于债权请求权。而就抵押权而言，其属于支配权，并非请求权的范围，更非债权请求权的范围，如将抵押权纳入诉讼时效的规制范围，无疑有违民法原理。

其次，就抵押权而言，其目的在于担保债务的履行，以确保抵押权人对抵押物的价值享有优先受偿的权利。为实现上述目的，抵押权对物之本身必将产生权能上的限制，对物的使用和转让均会发生影响。故，若对抵押权人行使抵押权的期限不进行限制，将使抵押财产的归属长期处于不稳定状态，不仅不利于保护当事人的合法权益，亦不利于物之使用和流通效能的发挥。此外，如果允许抵押权人在任何时候均可行使抵押权，则意味着在主债权经过诉讼时效且债务人因此取得抗辩权之后，债权人依然可从抵押人处获得利益，进而将抵押人和债务人之间的追偿和抗辩置于困境，换言之，也意味着抵押人将长期处于一种不利益的状态，其义务也具有不确定性，若如此，对于抵押人来说未免过于苛刻，亦有失公允。

最后，从权利分类角度分析，当数项权利并存时，依据权利的相互依赖关系，有主权利与从权利之分，凡可以独立存在、不依赖于其他权利者，为主权利；必须依附于其他权利、不能独立存在的，则为从权利。举例而言，当债权与为担保债的履行的抵押权并存时，债权是主权利，抵押权为从权利。在主权利已经丧失国家强制力保护的状态下，抵押物上所负担的抵押权也应消灭，方能更好地发挥物的效用，亦符合《中华人民共和国民法典》之担保物权体系的内在逻辑。

故《中华人民共和国民法典》第四百一十九条规定抵押权行使期间的重要目的之一在于促使抵押权人积极地行使抵押权，迅速了结债权债务关系，维系社会经济秩序的稳定。综合上述分析，应当认定在法律已设定行使期限后，抵押权人仍长期怠于行使权利时，法律对之也无特别加以保护的必要，应使抵押权消灭。

本案中，(2004) 朝民督字第2482号支付令是对涉案主债权的最终确认。债权人主张债权的行为与要求行使抵押权的行为，是两个不同的行为，相互之间不能替代。依据现有证据，原债权人中行朝阳支行以及嗣后债权受让人信达北京分公司、中经信公司均未在法定期限内行使抵押权，涉案抵押权已经超过法定行使期限，不应再予保护。

编写人：北京市朝阳区人民法院　李林强

34

夫妻一方伪造签名抵押共有房产抵押合同效力问题

——重庆银行垫江支行诉黄某文等借款合同案

【案件基本信息】

1. 裁判书字号

重庆市第三中级人民法院（2019）渝03民终1659号民事判决书

2. 案由：借款合同纠纷

3. 当事人

原告（上诉人）：重庆银行垫江支行

被告（上诉人）：黄某文、丁某珍

被告（被上诉人）：刘某、张某

【基本案情】

刘某与张某系夫妻关系，黄某文与丁某珍系夫妻关系。2015年6月11日，刘某与重庆银行垫江支行签订《重庆银行最高额授信业务总合同》，约定：重庆银行垫江支行在2015年6月11日至2018年6月11日向刘某办理融资业务，实际形成的最高债权本金不超过1100000元，合同项下贷款为抵押贷款。当天，黄某文与重庆银行垫江支行签订了《重庆银行最高额抵押合同》，约定黄某文提供登记在其名下的房屋为刘某的上述债务提供抵押担保。

2015年6月15日，黄某文与“丁某珍”向重庆银行垫江支行出具了《财产共有人承诺书》，承诺同意以涉案房屋作为刘某向重庆银行垫江支行申请贷款的抵押物，当天办理抵押登记。2016年6月13日，张某向重庆银行垫江支行出具了《共同还款承诺书》，张某承诺，其愿意对刘某的上述债务履行共同还款义务。

2016年6月15日，重庆银行垫江支行与刘某签订了《重庆银行最高额项下个人经营性贷款合同》，当天重庆银行垫江支行依约向刘某发放了流动资金借款

1100000元。

刘某向重庆银行垫江支行借款到期后，仅偿还了重庆银行垫江支行部分借款本金及利息。后经催收未果，重庆银行垫江支行遂诉至法院。

诉讼中经鉴定，《财产共有人承诺书》中“丁某珍”的签名、捺印均非其本人所为，丁某珍支付鉴定费10000元。

【案件焦点】

《财产共有人承诺书》中“丁某珍”的签名、捺印均非其本人所为，抵押合同的效力问题。

【法院裁判要旨】

重庆市垫江县人民法院经审理认为：该抵押合同中涉及丁某珍享有的部分财产约定无效，重庆银行垫江支行对黄某文享有的一半产权取得的房屋抵押权的部分有效，黄某文依法应在该财产限额内对刘某、张某的该债务承担保证责任。

重庆市垫江县人民法院依照《中华人民共和国合同法》第一百零七条、第二百零五条、第二百零六条、第二百零七条，《最高人民法院关于适用〈中华人民共和国婚姻法〉若干问题的解释（一）》第十七条，《中华人民共和国担保法》第四十六条、第五十七条、第五十九条和《中华人民共和国民事诉讼法》第六十四条之规定，判决：

一、由刘某、张某在判决发生法律效力后十日内偿还重庆银行垫江支行借款本金、罚息、复利等；

二、重庆银行垫江支行有权对登记在黄某文名下的房屋中黄某文所有一半的份额享有优先受偿权；

三、黄某文承担保证责任后有权向刘某、张某追偿；

四、由重庆银行垫江支行、黄某文在判决发生法律效力后十日内分别支付给丁某珍5000元；

五、驳回重庆银行垫江支行的其他诉讼请求。

重庆银行垫江支行、黄某文、丁某珍不服一审判决，提起上诉。

重庆市第三中级人民法院经审理认为：经司法鉴定，《财产共有人承诺书》中“丁某珍”签名、捺印均非其本人所为，丁某珍称其从不知晓贷款及抵押事项。根据《最高人民法院关于适用〈中华人民共和国担保法〉若干问题的解释》第五十四条“按份共有人以其共有财产中享有的份额设定抵押的，抵押有效。共同共有人以其共有财产设定抵押，未经其他共有人的同意，抵押无效。但是，其他共有人知道或者应当知道而未提出异议的视为同意，抵押有效”之规定，黄某文在未经共同共有人丁某珍同意的情况下，以共同共有财产设定抵押，且重庆银行垫江支行也未能提供证据证明丁某珍知道或应当知道涉案房地产已经抵押而未提出异议，故涉案抵押合同应属无效。因此，重庆银行垫江支行对涉案房屋不享有优先受偿权，一审法院认定事实有误，法院予以纠正。重庆银行垫江支行作为金融机构，在接受黄某文与丁某珍夫妻共同共有的房产作抵押时，未严格审核抵押人“丁某珍”签名人的身份，对此存在过错。根据《最高人民法院关于适用〈中华人民共和国担保法〉若干问题的解释》第七条规定，债权人重庆银行垫江支行、担保人黄某文对于涉案抵押合同的无效均存在过错，故黄某文应当承担不超过刘某、张某不能清偿债务部分二分之一的民事责任。

重庆市第三中级人民法院依照《最高人民法院关于适用〈中华人民共和国担保法〉若干问题的解释》第七条、第五十四条，《中华人民共和国民事诉讼法》第一百七十条第一款第二项之规定，判决：

一、维持重庆市垫江县人民法院（2018）渝0231民初2526号民事判决第一项、第三项、第四项；

二、撤销重庆市垫江县人民法院（2018）渝0231民初2526号民事判决第二项、第五项；

三、变更重庆市垫江县人民法院（2018）渝0231民初2526号民事判决第二项为由黄某文承担刘某、张某不能清偿重庆银行垫江支行债务部分二分之一的民事责任；

四、驳回重庆银行垫江支行、黄某文、丁某珍的其他诉讼请求。

【法官后语】

本案处理重点在于抵押合同效力问题。一、二审的审理思路出现分歧，主要原因在于对上述问题的不同理解。一审法院认为，黄某文未经丁某珍同意，擅自以夫妻共同共有财产设定抵押，黄某文对丁某珍享有的部分财产进行处分系无权处分行为，该抵押合同中涉及黄某文享有的部分财产约定有效。但二审法院认为，《财产共有人承诺书》属抵押合同重要组成部分，其中丁某珍的签名、捺印均非其本人所为，系黄某文找人伪造。夫妻共同财产属共同共有，有别于按份共有。本案中黄某文未经丁某珍同意，伪造丁某珍的签名、捺印，以共有房产设定抵押，且重庆银行垫江支行也未能提供证据证明丁某珍知道或应当知道涉案房地产已经抵押而未提出异议，故涉案抵押合同无效，其效力及于涉案房屋整体，而非部分，遂对一审判决予以改判。

不动产抵押权的设立需要有效的抵押合同、抵押人具有处分权，以及办理抵押登记等要件。本案中黄某文与重庆银行垫江支行虽已经就涉案房屋办理了抵押登记，但抵押人系无权处分，抵押合同无效，故重庆银行垫江支行就涉案房屋不享有优先受偿权。因债权人重庆银行垫江支行未尽到相应审核义务、担保人黄某文伪造共有人签名、捺印，致使抵押合同无效，二者均存在过错，依据《最高人民法院关于适用〈中华人民共和国担保法〉若干问题的解释》第七条规定："主合同有效而担保合同无效，债权人无过错的，担保人与债务人对主合同债权人的经济损失，承担连带赔偿责任；债权人、担保人有过错的，担保人承担民事责任的部分，不应超过债务人不能清偿部分的二分之一。"故黄某文应当承担不超过刘某、张某不能清偿债务部分二分之一的民事责任。

编写人：重庆市第三中级人民法院　沈道萍

35

监护人以与被监护人共同共有财产设定抵押应属无效

——重庆银行诉曹某全等金融借款合同案

【案件基本信息】

1. 裁判书字号

重庆市第五中级人民法院（2019）渝05民终3127号民事判决书

2. 案由：金融借款合同纠纷

3. 当事人

原告（上诉人）：重庆银行

被告（被上诉人）：曹某全、陈某珠、曹某

【基本案情】

2010年12月29日，重庆银行与曹某全、陈某珠、曹某签订《重庆银行个人消费贷款合同》，约定：重庆银行向曹某全发放贷款15万元，曹某全、陈某珠、曹某以共同共有房屋抵押给重庆银行作为主合同项下债务的担保，曹某的签名由其监护人陈某珠代签。后重庆银行与曹某全、陈某珠、曹某签订了《重庆市房地产抵押合同》，曹某的签名由其监护人代签。嗣后，案涉房屋办理了抵押登记，抵押权人为重庆银行。重庆银行按约向曹某全指定账户发放了贷款，但曹某全未按合同约定按期偿还借款本息。另查明，曹某系曹某全、陈某珠之子，签订案涉合同时系未成年人。重庆银行起诉要求曹某全偿还贷款本息、陈某珠承担连带清偿责任，并要求就案涉房屋享有抵押权和优先受偿权。

【案件焦点】

监护人以与被监护人共同共有财产设定抵押行为是否有效。

【法院裁判要旨】

重庆市九龙坡区人民法院经审理认为：《中华人民共和国民法总则》第三十五条第一款规定，监护人应当按照最有利于被监护人的原则履行监护职责。监护人除为维护被监护人利益外，不得处分被监护人的财产。曹某的监护人代曹某与重庆银行签订《重庆银行个人消费贷款合同》《重庆市房地产抵押合同》，将曹某全、陈某珠、曹某共同共有的房屋抵押给重庆银行，为曹某全一人名下的房屋装修贷款提供担保，违反了《中华人民共和国民法总则》第三十五条第一款的规定，应属无效。

重庆市九龙坡区人民法院依照《中华人民共和国民法总则》第三十五条第一款，《中华人民共和国民事诉讼法》第六十四条、第一百四十四条之规定，判决：

驳回重庆银行要求就登记于曹某全、陈某珠、曹某名下的案涉房屋享有抵押权和优先受偿权的请求。

重庆银行不服一审判决，提起上诉。

重庆市第五中级人民法院经审理认为：《最高人民法院关于适用〈中华人民共和国担保法〉若干问题的解释》第五十四条规定，共同共有人以其共有财产设定抵押，未经其他共有人的同意，抵押无效。但是，其他共有人知道或者应当知道而未提出异议的视为同意，抵押有效。除抵押权人、监护人能够举示充分证据证明共同财产用于抵押系为被监护人利益外，该条规定的“同意”不能包括被监护人通过监护人作出同意抵押的意思表示。本案中，重庆银行作为专业的金融机构，理应知晓监护人应当按照最有利于被监护人的原则履行职责等法律规定。重庆银行未举示证据证明曹某的监护人处分案涉共有房屋系为了曹某的利益，该行在处理涉及未成年人事宜时有违审慎注意义务，难以认为其善意且无过失。曹某的监护人虽在抵押合同上以曹某名义签字，但不能认为曹某同意案涉共同房产用于抵押。

重庆市第五中级人民法院依照《中华人民共和国民事诉讼法》第一百七十条第一款第一项规定，判决：

驳回上诉，维持原判。

【法官后语】

关于监护人以与被监护人共同共有财产设定抵押行为的效力认定，司法实践中存在不同观点，第一种观点认为，即便监护人以与被监护人共同共有的房屋设定抵押的行为损害了被监护人的利益，也应由监护人承担责任，而非否定外部法律行为的效力，案涉抵押行为应为有效。第二种观点认为，《中华人民共和国民法典》规定监护人除为维护被监护人利益外，不得处分被监护人的财产，案涉抵押行为侵害了被监护人的合法权益，不能据此推定被监护人同意抵押的意思表示，抵押无效。本文采取第二种观点。

1. 最有利于被监护人原则。监护人的职责是代理被监护人实施民事法律行为，监护权系为被监护人利益而设立的一种他益权，监护人本身不能由此获得对价性收益。监护人作为被监护人的权益保护人且处分行为仍由其实施，非为被监护人利益的行为不可避免地发生，故对监护权行使附加必要限制应取决于法律的特别规定。在被监护人的利益与交易安全利益存在冲突的情形下，被监护人的利益不通过公权力的介入很难受到保护，但丧失交易机会的第三人尚可寻求其他交易途径来达成自己的交易目的，由此决定在监护人处分其与被监护人共同共有财产的利益格局中，被监护人享有优先于交易相对人受保护的地位，兹举重以明轻的法律逻辑，在案涉抵押的情形中亦应优先保护被监护人利益。

2. 监护人非为被监护人利益就案涉房屋设立抵押的效力。因共同共有财产不可分，其中一人设定抵押权对其他共有人均产生影响，故以共同共有财设定抵押的，须经全体共有人同意。在监护人以与被监护人共同共有财产设定抵押的行为中，立法通过法定代理制度赋予监护人处分权，由监护人作出抵押同意。案涉抵押权有效设立的前提为共有人全体同意抵押+抵押物进行登记。根据《中华人民共和国民法典》第二百一十五条确定的物权变动与其原因行为的区分原则，物权变动具有相对独立性，直接使物权发生变动的关键环节系交付或者登记，这种使物权本身发生直接变化的行为即处分行为，当然要求行为人须具有处分权能。具体到本案中，监护人非为被监护人利益设定抵押时，其基于法定代理制度享有的处分权利随即消灭，处分人没有完整的处分权，物权变动处于效力待定状态，需其他共有人事后追认，但被监护人因缺乏行为能力而在法律行为中处于监护人的意思支配下，暂无追认之回旋余地，法律为维护交易稳定，不可能任由物权变动一直处于效力待定状态，此种情形下为保护被监护人利益以对抗交易第三人的权利主张，抵押行为效力即时确定为无效较为合理。且监护人的“同意抵押”意思表示并不当然推定为被监护人的客观上同意，若监护人、交易相对人不能举证证明抵押行为系为被监护人利益，监护人以其名义代理被监护人的处分行为应为无效。

至于第三人主张的善意取得抵押权的问题，在监护权的享有、权限及行使客观存在的前提之下，交易相对人理应知晓监护人在实施处分行为时是否越权，对监护人的处分行为是否为被监护人利益具有形式审查的注意义务，举证责任应由其负担。

编写人：重庆市九龙坡区人民法院　李静

36

抵押人之继承人的债务清偿责任

——农商行洪塘支行诉苏某龙等金融借款合同案

【案件基本信息】

1. 裁判书字号

福建省厦门市同安区人民法院（2019）闽0212民初724号民事判决书

2. 案由：金融借款合同纠纷

3. 当事人

原告：农商行洪塘支行

被告：苏某龙、苏某萍、苏某平

【基本案情】

抵押人林某花于2017年9月28日去世。苏某萍、苏某平系林某花的子女。

2015年1月22日，农商行洪塘支行与苏某龙签订《个人自助循环贷款（万通宝）借款合同》。合同约定，借款期限自2015年1月22日至2018年1月21日，由农商行洪塘支行在最高贷款本金余额1350000元内，对苏某龙一次或分次发放贷款，该期间为最高额担保债权的确定期间，每笔贷款的最后期间不超过2018年1月21日，借款用途为蔬菜销售。林某花作为抵押人在《个人自助循环贷款（万通宝）借款合同》上签名，并于同日向农商行洪塘支行出具《同意交易声明》及《抵押声明书》，约定用其房产为上述借款提供最高额抵押担保，抵押担保范围包括主合同项下债权本金、利息、罚息、违约金、损害赔偿金、实现债权的一切费用及其他应付费用（包括不限于诉讼费、仲裁费、财产保全费、律师费、差旅费、执行费、评估费、拍卖费等），并办理了他项权证。合同签订后，农商行洪塘支行依约于2015年2月11日向苏某龙发放了1350000元贷款。借款期限届满后，苏某龙未能按约还本付息，截至2018年6月5日，苏某龙尚欠农商行洪塘支行借款本金1350000元及利息、罚息和复息472055.16元。经农商行洪塘支行多次派员催收、追讨，苏某龙仍未偿还该笔借款本金及部分利息。诉讼中，苏某龙于2019年4月3日归还农商行洪塘支行借款本金、利息、罚息和复息共计200000元，尚欠本金1306495.49元及2019年4月4日之后的利息、罚息和复息未能偿还。

【案件焦点】

抵押人之继承人对债务清偿责任的界限。

【法院裁判要旨】

福建省厦门市同安区人民法院经审理认为：农商行洪塘支行与苏某龙、抵押人林某花签订的《个人自助循环贷款（万通宝）借款合同》，系双方当事人的真实意思表示，内容不违反法律法规的规定，具有法律约束力，各方当事人应当按照约定履行自己的义务。合同签订后，农商行洪塘支行已依约向苏某龙发放贷款，苏某龙应按合同履行相关还款还息义务。然而借款到期后，苏某龙逾期未还款付息，违反了合同约定，农商行洪塘支行请求苏某龙偿还尚欠的借款本金1306495.49元及2019年4月4日之后的利息、罚息和复息以及律师费的诉讼请求，有事实与法律依据，应当予以支持。另因抵押人林某花自愿以其所有的房产为苏某龙向农商行洪塘支行借款提供最高额抵押担保，并已办理抵押登记手续，又因抵押人林某花死亡后，苏某平、苏某萍系林某花的法定继承人，抵押房产作为林某花的遗产现为苏某平、苏某萍所继承，故在苏某龙未能偿还上述款项时，农商行洪塘支行有权就苏某平、苏某萍继承的房产折价或者拍卖、变卖所得价款在上述款项范围内享有优先受偿权。

福建省厦门市同安区人民法院依据《中华人民共和国合同法》第二百零六条、第二百零七条，《中华人民共和国担保法》第四十六条、第五十三条，《中华人民共和国继承法》第三十三条，《中华人民共和国民事诉讼法》第六十四条、第一百四十四条之规定，判决：

一、苏某龙应于判决生效之日起十五日内偿还农商行洪塘支行借款结欠本金人民币1306495.49元及利息、罚息、复息（自2019年4月4日起，利息以结欠本金为基数按基准利率上浮30%计至实际还款之日止，罚息以结欠的本金为基数按合同利率上浮50%自2019年4月4日起计至实际还款之日止，复息以结欠的利息、罚息为基数自结欠之日起按合同利率上浮50%计至实际还款之日止）；

二、苏某龙应于判决生效之日起十五日内向农商行洪塘支行支付因实现债权所支付的律师费用人民币10000元；

三、苏某龙逾期不履行还款义务，农商行洪塘支行有权以登记在苏某平、苏某萍之母亲林某花名下的房屋折价或者拍卖、变卖所得价款在上述第一项、第二项付款义务范围内享有优先受偿权；

四、驳回农商行洪塘支行的其他诉讼请求。

【法官后语】

抵押人死亡后，如何准确认定其继承人应该对抵押权人承担的法律责任，此类案件，在审理中按照债权—物权—继承这样的思路对事实进行查明，是普遍采取的审理路径。然而，在查明事实后，如何在判项中认定继承人的清偿责任，则有不同的意见。

笔者通过裁判文书网翻阅该类型案件，总结判决书中判项的表述，发现主要存在两种不同的观点。第一种观点认为，无论该抵押物是否已被实际继承，在判决认定抵押权人可就抵押物折价或者拍卖、变卖所得价款优先受偿后，仍需继续判决认定继承人必须在继承抵押物的范围内对债务承担清偿责任。也就是说，即使该抵押物仍登记在抵押人名下，抵押物尚未被继承分割，也需明确继承人以继承的抵押遗产实际价值为限对债务承担清偿责任。第二种观点认为，若该抵押物尚未被实际继承，即该抵押物仍登记在抵押人名下，可单独认定抵押权人可就抵押物折价或者拍卖、变卖所得价款优先受偿，此时，并不需要认定继承人需负清偿的责任。通过对这两种不同观点的描述可以发现，第一种观点的判项主要依循的是审理路径的顺序，力求的是全方位、无遗漏的责任认定。第二种观点的侧重点则放在具体事实之中，其判项更为注重通过体现个案的差异对责任进行划分。

两相比较之下，笔者更为认同第二种观点，即抵押人死亡，抵押物仍登记在抵押人名下的，可单独认定抵押权人可就抵押物折价或者拍卖、变卖所得价款优先受偿，此时，并不需要认定继承人需负清偿的责任。原因在于以下几点：

一是审理的思维路径固然具有共性的特征，在同类型案件中有很高的普遍适用性。可若按照这种审判思维路径作出一一对应的判项，所得判决结果表面上看起来面面俱到，实质上却忽略了个案的差异性，甚至可以说是作出了与个案查明事实不相符合的判决，其合理性值得商榷。以本案为例，在登记公示的原则下，认定继承人仍需承担清偿责任，是基于假设的情况下进行的。若此时判决主文中仍要加上这一条内容，则明显与所查明的抵押物仍登记在抵押人名下这一事实不相吻合，判决的结果明显超出了所查明的事实的范围，有画蛇添足之嫌。

二是通常来说，判决书中判项的内容应该具有一致的指向性，而这种一致性是指当事人间所负的权利或者义务应该对应，不能是相违背的。不然，就容易导致出现判项内容指代不清等问题。仍以本案为例，若判项中第一条主文认定抵押权人有权就登记在抵押人名下的抵押物折价或者拍卖、变卖所得价款优先受偿，则相当于已明确了该抵押物并未被继承人所分割，继而认定继承人无须承担清偿责任。可若判项中增加了“继承人需在继承抵押物遗产实际价值范围内承担清偿责任”这一内容，实际上却又认定了继承人的清偿义务，这无疑与之前第一条主文的内容是相违背的。判决的第二条内容表面上让整个判决的结果更为完整，可若从当事人权利、义务的角度出发进行考虑，却是让判决中的两项内容出现自相矛盾的情况，导致判决结果指向不明等问题。判决的本质就是要解决权利与义务的关系，而这种会产生歧义的作法，无疑是不可取的。

三是不动产抵押遵循公示公信原则，以强制登记为公示标准。而与此对应，判决书的判项也应该体现出对这一原则的尊重和认可。既然案件事实部分已经查明抵押物的登记所属，则判项也应对此予以确认，并应只对此予以确认为宜。

编写人：福建省厦门市同安区人民法院　林思婕

37

银行在债权全部实现前同意解除抵押的行为能否视为默示意思表示免除债务

——中信银行重庆分行诉达生科技公司等金融借款案

【案件基本信息】

1. 裁判书字号

重庆自由贸易试验区人民法院（2019）渝0192民初14669号民事判决书

2. 案由：金融借款合同纠纷

3. 当事人

原告：中信银行重庆分行

被告：达生科技公司、李某山、陈某燕

【基本案情】

中信银行重庆分行与达生科技公司于2016年签订《综合授信合同》，对授信额度、期限等进行约定。2016年1月15日，中信银行重庆分行与李某山、陈某燕签订《最高额保证合同》，约定保证人为债务人提供连带保证责任担保。同日，中信银行重庆分行与达生科技公司签订《人民币流动资金贷款合同》，约定中信银行重庆分行向达生科技公司提供贷款3000万元，并对贷款期限、贷款利率、罚息复利进行约定。后中信银行重庆分行依约向达生科技公司发放了贷款3000万元。2016年1月18日，中信银行重庆分行与达生科技公司签订《电子银行承兑汇票承兑协议》，约定达生科技公司向中信银行重庆分行申请承兑汇票两张，票面金额共计6000万元。后中信银行重庆分行依约为达生科技公司开具汇票并在到期后垫付票款29415000元。其后，对《人民币流动资金贷款合同》《电子银行承兑汇票承兑协议》项下借款，达生科技公司陆续归还完毕借款本金，剩余部分利息、罚息、复利未归还。

另查明，中信银行重庆分行为实现债权支付律师费10000元。

审理中，达生科技公司举示《关于还款解押的函》，该函件载明："黑米公司：贵公司以重庆市渝中区中华路×号×的房产，为达生科技公司在我行授信提供抵押担保。截至本函出具之日，上述授信本金余额为7616万元，我行同意在达生科技公司结清上述授信本金7616万元及利息3518077.29元（拟定还款日为2017年11月15日）的情况下，向贵公司出具上述抵押物的解押手续。此函告自出具之日起生效，有效期至2017年11月20日。中信银行重庆分行。"中信银行重庆分行对该证据的真实性不予认可，但认可该函中涉及的房产为本案涉及贷款的抵押财产，该财产的抵押登记已解除。

【案件焦点】

银行在罚息复利未完全清偿的情况下同意解封抵押物，能否视为其作出免除罚息和复利的默示意思表示。

【法院裁判要旨】

重庆自由贸易试验区人民法院经审理认为：达生科技公司向中信银行重庆分行借款后，虽然已经归还借款本金，但因未按时足额履行还款义务，在归还借款本金前产生了罚息和复利。银行对于该部分罚息和复利是否作出过免除的意思表示的问题，应依据《中华人民共和国民法总则》第一百四十条规定"行为人可以明示或者默示作出意思表示。沉默只有在有法律规定、当事人约定或者符合当事人之间的交易习惯时，才可以视为意思表示"进行认定。

首先，中信银行重庆分行没有明示同意免除。达生科技公司辩称中信银行重庆分行口头同意免除，但无相应证据予以证明。

其次，中信银行重庆分行在债权全部实现前同意解除抵押的行为不构成默示同意免除。基于商事交易行为的复杂性，对于何种行为能够构成默示行为应当结合行业惯例、双方之间的交易习惯、交易内容、表达对象、债务人的注意义务等方面进行认定。第一，从金融借款合同的一般交易习惯来看，确实存在银行不会在全部债权实现前解除抵押的习惯，但银行作为正规金融机构，通常会出具书面文件来明确表达意思，如本案中银行在债权未全额回收情况下对担保利益的放弃，即以出具《关于还款解押的函》的方式进行明示的。第二，从双方之间的交易惯例来看，达生科技公司未举示证据证明双方之间存在默示同意的惯例。第三，从交易内容来看，达生科技公司主张中信银行重庆分行默示表达的意思是放弃自身权利，相比能够获得回报的其他交易形式，对于放弃权利的认定应当更加谨慎。第四，从意思表示的对象来看，中信银行重庆分行出具《关于还款解押的函》的对象是抵押人黑米公司，不是达生科技公司。第五，从债务人的注意义务角度来看，债务人作为商事主体，具有基本的商事风险认知，如与银行达成债务豁免协议，应当会要求银行出具债务免除同意书或共同签署协议等来满足交易形式，但达生科技公司却未要求银行出具，不能达到一般商事主体的交易注意义务。

最后，中信银行重庆分行没有联系达生科技公司或保证人李某山、陈某燕要求还款，不属于以沉默表示同意。权利人享有行使权利的自由，在没有法律规定或者合同约定的情况下，只要在诉讼时效期间内，权利人于何时行使权利不应当受到拘束。中信银行重庆分行在两年内没有联系达生科技公司或保证人李某山、陈某燕要求还款，属于沉默，沉默只有在有法律规定、当事人约定或者符合当事人之间的交易习惯时，才可以视为意思表示。

重庆自由贸易试验区人民法院依照《中华人民共和国民法总则》第一百四十条、第一百四十二条和《中华人民共和国民事诉讼法》第六十四条、第一百四十二条等相关法律规定，判决：

一、达生科技公司于本判决生效之日起十日内支付中信银行重庆分行贷款利息114583.35元，截至2019年8月27日的罚息2235529.67元、复利422735.7元，并支付自2019年8月28日起至还清之日止的复利（以所欠利息和罚息为基数，按照年利率8.25%计算）；

二、达生科技公司于本判决生效之日起十日内支付中信银行重庆分行承兑汇票垫款罚息3640464.11元；

三、达生科技公司于本判决生效之日起十日内支付中信银行重庆分行律师服务费10000元；

四、驳回中信银行重庆分行的其他诉讼请求。

【法官后语】

本案的焦点问题是意思表示的认定。裁判规则的依据来源于《中华人民共和国民法典》第一百四十条。

关于意思表示，1988年发布的《最高人民法院关于贯彻执行〈中华人民共和国民法通则〉若干问题的意见（试行）》第六十六条规定："一方当事人向对方当事人提出民事权利的要求，对方未用语言或者文字明确表示意见，但其行为表明已接受的，可以认定为默示。不作为的默示只有在法律有规定或者当事人双方有约定的情况下，才可以视为意思表示。"2017年发布的《中华人民共和国民法总则》吸纳并调整了《最高人民法院关于贯彻执行〈中华人民共和国民法通则〉若干问题的意见（试行）》第六十六条内容，第一百四十条规定，行为人可以明示或者默示作出意思表示。沉默只有在有法律规定、当事人约定或者符合当事人之间的交易习惯时，才可以视为意思表示。调整内容主要有：1. 列明了意思表示的三种形式，即明示、默示和沉默，增加了"明示"和"沉默"；2. 将《最高人民法院关于贯彻执行〈中华人民共和国民法通则〉若干问题的意见（试行）》第六十六条中暗含的"用语言或者文字明确表示意见"明确定义为"明示"；3. 将"不作为的默示"定义为"沉默"，并增加"符合当事人之间的交易习惯"作为沉默同意的情形之一。调整后更周延、逻辑更严密，《中华人民共和国民法典》对此未有变化。本案的判断也是基于《中华人民共和国民法总则》第一百四十条的逻辑结构展开。

首先，判断是否存在"明示""默示""沉默"的情形。1. 在"明示"层面，双方当事人均没有直接证据能够证明作出或没有作出债务免除的意思表示。2. 在"默示"层面，本案中确实存在一个需要判断是否构成"默示"的行为，即银行出具《关于还款解押的函》，判断该举动是否构成"默示"是本案的关键问题。3. 在"沉默"层面，银行存在两年内没有联系借款人和保证人还款的情况，也需要进行判断。

其次，判断银行的行为是否构成"默示"和"沉默"。《中华人民共和国民法典》对默示意思表示的定义没有具体阐释，在具体案件中如何判断意思表示的构成存在难点。一般认为，默示意思表示是从有可能显露意思的行为来推定的，默示运用的场合一般应当基于交往惯例、法定或约定的肢体等行为，如行人向出租车招手示意搭乘、消费者将商品放置在超市收银台等。此处列举的一些自然人的行为与商主体进行商事交易活动存在较大区别。商事活动更加复杂，更难以进行准确的认定。本案依据《中华人民共和国民法总则》第一百四十二条第一款规定的对有相对人意思表示的习惯解释和诚信解释的解释规则，演绎和补充了一些默示意思表示的判断标准。认为在商事交易过程中，对何种行为能够构成默示行为应当结合行业惯例、双方之间的交易习惯、交易内容、表达对象、债务人的注意义务等方面进行认定。该补充既有基于个案因素的归纳，也同时对实践中不鲜见的金融机构缺乏明确意思表示状态下的行为性质认定问题进行了一定的探索，希望对于类案审理能够提供一些参考。

编写人：重庆自由贸易试验区人民法院　何欣　陈姿含

38

反担保抵押权人（暨主债务保证人）在追偿权诉讼时效期间内未行使追偿权，反担保抵押权实体权利灭失

——张某立诉金达公司抵押权案

【案件基本信息】

1. 裁判书字号

北京市大兴区人民法院（2019）京0115民初12243号民事判决书

2. 案由：抵押权纠纷

3. 当事人

原告：张某立

被告：金达公司

【基本案情】

张某立为大兴区黄村镇兴政东里×号楼×层1－401房产的房屋所有权人，共有情况为单独所有。

2013年6月1日，张某立（抵押人/甲方）与金达公司（抵押权人/乙方）签订《抵押（反担保）合同》，载明：乙方为华隆公司（借款人）与浦发银行电子城

支行就流动资金贷款借款人民币1000万元及利息返还义务提供担保。甲方将其自有的坐落于大兴区黄村镇兴政东里×号楼×层1－401的房产作为抵押向乙方提供反担保。依据乙方与借款人签订的《委托保证协议书》签订本《抵押（反担保）合同》，抵押物的基本情况：抵押物为位于大兴区黄村镇兴政东里×号楼×层1－401的房产。上述抵押物担保最高债权额为140万元。合同期限为抵押担保生效后至金达公司担保债权完全消除前。担保范围包括但不限于：1. 借款人违约致使乙方向贷款人承担的全部保证责任，包括不限于贷款本金、利息和罚息等；2. 乙方向借款人或甲方追偿而借款人或甲方延迟偿还期间的违约金；3. 实现抵押权的费用，包括但不限于相关的变卖费、提存费、拍卖费、应缴纳的税费、交易手续费、诉讼费、仲裁法、执行费、律师代理费等；4. 其他各类应付款项。该合同尾部甲方处有张某立签字，乙方处有金达公司盖章。

上述《抵押（反担保）合同》签订后，张某立将涉案房产办理了抵押权登记，抵押人为张某立，抵押权人为金达公司。

浦发银行电子城支行向华隆公司发放贷款1000万元，但华隆公司未按约定还款。根据庭审中浦发银行电子城支行出具的代偿证明载明：借款人华隆公司于2013年6月4日向我行申请贷款人民币1000万元整，借款期限自2013年6月20日至2014年5月19日到期第一笔500万元整；至2014年6月19日到期第二笔500万元整。本笔借款由金达公司提供担保。借款人华隆公司于借款到期日未偿还借款本金利息，由金达公司向浦发银行电子城支行为借款人分别代偿了上述两次借款本金利息合计人民币10006031.31元（其中2014年5月30日代偿了本金利息共计人民币5089221.45元；2014年6月23日代偿了本金利息共计4916809.86元。）

庭审中，经询问，金达公司认可自承担保证责任后未向华隆公司主张过追偿权。

【案件焦点】

反担保抵押权人（暨主债务保证人）履行了保证责任之后，在追偿权时效期间内未向债务人行使追偿权，反担保抵押人是否有权要求解除相应反担保抵押登记。

【法院裁判要旨】

北京市大兴区人民法院经审理认为：涉案主债权债务关系、担保关系、反担保关系为：华隆公司向浦发银行电子城支行借款，金达公司为上述借款提供保证担保，张某立为担保金达公司履行保证责任后的债权受偿，将其所有的房屋抵押给金达公司。涉案主债务逾期后，金达公司为华隆公司向浦发银行电子城支行的借款履行了保证责任。涉案争议焦点为金达公司履行了保证责任之后，在追偿权时效期间内未向债务人行使追偿权，亦长期未行使反担保抵押权，张某立是否有权要求解除相应反担保抵押登记。就此，《中华人民共和国担保法》第五十二条规定："抵押权与其担保的债权同时存在，债权消灭的，抵押权也消灭。"《最高人民法院关于适用〈中华人民共和国担保法〉若干问题的解释》第四十二条第二款规定："保证人对债务人行使追偿权的诉讼时效，自保证人向债权人承担责任之日起开始计算。"故金达公司向华隆公司的追偿权的诉讼时效期间应当自其支付最后一期履行担保责任还款后起算，根据代偿证明载明，金达公司履行保证责任的时间为2014年6月23日，故诉讼时效应截至2017年6月23日，庭审中，金达公司认可未向华隆公司主张过追偿权，其追偿权诉讼时效已经过。《中华人民共和国物权法》第二百零二条规定："抵押权人应当在主债权诉讼时效期间行使抵押权；未行使的，人民法院不予保护。"该规定是对抵押权存续期限的规定，抵押权系物权，不受诉讼时效的限制，"人民法院不予以保护"是指未行使的抵押权，因主债权诉讼时效的经过而消灭，而非仅丧失抵押权受人民法院保护的权利，即超过该期限未行使抵押权的，抵押权消灭。根据张某立与金达公司签署的《抵押（反担保）合同》的约定，合同期限为抵押担保生效后直至金达公司担保债权完全消除前。由此可以认定金达公司对华隆公司拥有的追偿权已超出诉讼时效规定，相应为保证追偿权实现的反担保抵押权理应消灭。

北京市大兴区人民法院依据《中华人民共和国物权法》第二百零二条，《中华人民共和国担保法》第五十二条之规定，判决：

金达公司协助张某立办理解除设定于涉诉房产上的抵押权人为金达公司的抵押登记手续。

【法官后语】

该案件系由于反担保抵押权人（暨主债务保证人）履行保证还款责任后，在追偿权诉讼时效期间内未向债务人行使追偿权，反担保抵押人要求解除设定在抵押物上的抵押登记手续的纠纷。我国法律规定了抵押权人行使抵押权的期限。《中华人民共和国民法典》第四百一十九条规定:“抵押权人应当在主债权诉讼时效期间行使抵押权;未行使的,人民法院不予保护。”由此,根据法律的明确规定,抵押权人应当在主债权的诉讼时效期间内行使权利。但是对于逾期未行使的“人民法院不予保护”的法律后果问题,长期以来司法界观点存在争议:一方观点认为,抵押权是主债权的从权利,从权利超过诉讼时效的法律后果是丧失胜诉权,而非丧失实体权利。另一方观点则认为,“诉讼时效”的概念特征仅应适用于债权请求权,行使抵押权作为物权请求权,不应参照诉讼时效制度来定性。而且“诉讼时效说”并不能解决“人民法院不予保护”后的登记或者变更登记问题。此外,如果债务人的诉讼时效抗辩取得成功,而抵押权的实体权利尚在,会导致抵押人和债务人之间的追偿关系发生混乱。因此,这一观点认为要求诉讼时效内行使权利,逾期法院不予保护,即指丧失实体权利。

2019年11月最高人民法院颁布《全国法院民商事审判工作会议纪要》,其中第五十九条规定:“抵押权人应当在主债权的诉讼时效期间内行使抵押权。抵押权人在主债权诉讼时效届满前未行使抵押权,抵押人在主债权诉讼时效届满后请求涂销抵押权登记的,人民法院依法予以支持。以登记作为公示方法的权利质权,参照适用前款规定。”至此,《全国法院民商事审判工作会议纪要》进一步统一了司法观点,从法律效果上来说,超过诉讼时效期间而没有行使抵押权的,抵押权的实体权利应当灭失。抵押权作为担保物权,其设立的作用不仅是对所有权的限制以及对债的担保,更是为了最大化地发挥物的流通价值(相较于用益物权是为了最大化地发挥物的使用价值)。因此,如果法律规定的抵押权行使期限届满后,仍允许抵押权长期存在,势必不利于抵押人对担保物权的有效利用,不利于担保交易关系的稳定,并有助长抵押权人滥用优势地位之虞。这与抵押权创设的最初作用和目的是背道而驰的。法律明确规定行使期间经过抵押权归于消灭的作法可以反作用于抵押权人尽快行使权利,实现自身利益的保护。而在此规定下抵押权人仍旧选择怠于行使自己的法定权利,那么法律也就没必要额外对其进行保护。因此,无论是从抵押权设立目的之坚守的角度,还是从交易的尽快完成、纠纷的尽快解决的角度以及从抵押权人利益的尽快实现、抵押人权利尽快稳定的角度考虑,行使期限经过后使抵押权归于消灭是最为合理的。

编写人:北京市大兴区人民法院　成桂钦

39

最高额抵押合同项下担保物权的实现

——中国进出口银行申请实现担保物权案

【案件基本信息】

1. 裁判书字号

云南省昆明市呈贡区人民法院（2019）云0114民特11号民事裁定书

2. 案由：申请实现担保物权纠纷

3. 当事人

申请人：中国进出口银行

被申请人：后谷咖啡公司

【基本案情】

2016年10月25日，后谷咖啡公司与中国进出口银行签订《房地产最高额抵押合同》，约定担保期间为2016年4月26日至2019年4月26日，担保的最高债权额限度为不超过人民币459920337.8元。双方还特别约定将借款合同项下4000万美元进口信贷境内流动资金贷款纳入本合同担保范围，占用13742万元人民币最高额抵押担保额度。抵押物为国有建设用地使用权/房屋（构筑物）所有权。

后谷咖啡公司与中国进出口银行于2015年6月9日签订《借款合同（进口信贷流动资金类贷款）》，贷款人向借款人提供最高不超过40000000美元贷款。借款人将其所有的机器设备及林权抵押给贷款人；案外第三人将其所有的后谷咖啡公司10%的股权质押给贷款人；三案外人还对此借款合同提供了人的担保。双方约定占用《股权最高额质押合同》项下8000万元人民币质押担保额度。之后，中国进出口银行按合同约定足额发放贷款。

后谷咖啡公司与中国进出口银行于2016年8月25日签订《借款合同（农产品出口卖方信贷）》，约定中国进出口银行提供最高不超过人民币26000000元贷款。后谷咖啡公司与中国进出口银行又另行签订《林权抵押合同》，三案外人还提供了人的担保。中国进出口银行于2016年8月29日向后谷咖啡公司发放全部贷款。

上述两借款合同借期届满后，双方再次签订展期合同，现展期合同亦到期，后谷咖啡公司未归还中国进出口银行上述借款。

后谷咖啡公司与云南省分行于2017年4月18日签订《借款合同（出口卖方信贷）》，云南省分行向后谷咖啡公司提供最高不超过人民币500000000元贷款，双方约定，占用中国进出口银行与后谷咖啡公司签订的《房地产最高额抵押合同》额度；同时其他案外人将后谷咖啡公司8.6%的股权质押给贷款人，借款人及其他案外人同时为该借款合同提供林权作为抵押。另外四案外人还对此借款合同提供了人的担保。2019年4月25日，云南省分行与中国进出口银行签订《债权转让协议》约定云南省分行将此借款合同项下债权及相应从权利一并转让给中国进出口银行。后谷咖啡公司签章确认知道该债权转让。现借款已届清偿期，后谷咖啡公司未归还上述借款。

另，中国进出口银行为实现担保物权花费律师代理费30000元。

【案件焦点】

1. 如何在程序上严格按照法律规定处理担保物权实现案件；2. 在最高额担保抵押合同的情况下，如何审查担保物权实现的内容。

【法院裁判要旨】

云南省昆明市呈贡区人民法院经审查认为：中国进出口银行与后谷咖啡公司之间的债权债务关系及最高额抵押担保合同关系事实清楚，抵押项目、土地使用权属和抵押债权范围明确，现《借款合同（进口信贷流动资金类贷款）》和《借款合同（农产品出口卖方信贷）》履行期限已经届满。《借款合同（出口卖方信贷）》签订后谷咖啡公司违约，中国进出口银行已宣布贷款提前到期，中国进出口银行有权按照合同约定实现抵押权。虽然本案中三个主借款合同中还存在由其他抵押、质押以及保证的担保形式，但并未对实现担保物权的顺序进行约定，故中国进出口银行申请实现担保物权并无不妥。且本案中三个主合同均合法有效，贷款人均按合同约定履行了放款义务，合同均已到期，被担保的债权已届清偿期。《最高额担保合同》

设立合法，并不损害他人合法权益，中国进出口银行与后谷咖啡公司对实现担保物权无实质性争议，担保物权实现的条件成就。中国进出口银行所请求的律师代理费用 30000 元，按照双方合同约定应由后谷咖啡公司承担，法院对此费用予以确认。故中国进出口银行有权就国有建设用地使用权/房屋（构筑物）所有权变卖、拍卖所得的价款在人民币 459920337. 8 元债权范围内优先受偿。

云南省昆明市呈贡区人民法院依照《中华人民共和国民事诉讼法》第一百九十七条，《最高人民法院关于适用〈中华人民共和国民事诉讼法〉的解释》第三百七十二条第一项规定，裁定：

准许对后谷咖啡公司所有的国有建设用地使用权/房屋（构筑物）所有权采取拍卖、变卖等方式依法变价，中国进出口银行对变价后所得的价款在人民币 459920337. 8 元债权范围内优先受偿本案债权。

【法官后语】

《中华人民共和国民事诉讼法》第一百九十六条、第一百九十条对实现担保物权的申请与管辖、裁定与执行作出了相应的规定。申请实现担保物权属于民事诉讼中特别程序，实行一审终审。案件审理周期简短快捷，权利人可通过非诉方式实现担保物权，对于权利人实现担保物权、债权利益的取得有良好的效果。云南省昆明市呈贡区人民法院在审查该案的过程中从程序和实体上认真审查、严格把握，裁定变卖、拍卖担保财产，2019 年 9 月 26 日宣判后，双方当事人均未提出异议，而且在 2020 年 2 月已经实现了担保物的变卖、拍卖工作，本案的审判产生了良好的法律效果和社会效果。

一、担保物权实现程序方面的把握

1. 立案受理

实现担保物权案件属于民事诉讼的特别程序的规定，此类案件的地域管辖严格规定于担保财产所在地或担保物权登记地法院管辖。该类特别程序案件的受理不受级别管辖规定的标的限制，均由担保财产所在地或担保物权登记地基层人民法院管辖，只有基层人民法院可以对实现担保物权特别程序案件享有管辖权。云南省昆明市呈贡区人民法院严格按照法律规定审查，虽然中国进出口银行主张的诉讼标的高于云南省昆明市呈贡区人民法院一审的管辖范畴，但本案涉及的担保财产在呈贡法院管辖的辖区范围内，且该案属于特别程序的案件，应由担保财产所在地基层人民法院管辖，故云南省昆明市呈贡区人民法院依法受理了权利人的申请。

2. 审查处理

（1）鉴于案件属于特别程序的案件，按照法律规定，审理期限为三十天，由于案件涉及的合同数量众多、标的数额巨大，经云南省昆明市呈贡区人民法院院长批准，延长审理期限一个月。但整个案件的处理从 2019 年 8 月 5 日立案到 2019 年 9 月 26 日作出裁定送达双方当事人，仅在两个月的时间内就审理结案。

（2）由于涉及担保抵押物标的额在 2016 年 10 月 25 日评估价值就为 657029054 元，已远远超过云南省昆明市呈贡区人民法院的管辖范畴，云南省昆明市呈贡区人民法院依法由一名审判员和两名陪审员组成合议庭进行审查。

（3）虽然本案属于特别程序案件，但在中国进出口银行向法院提出保全申请时，合议庭人员认真审查保全材料，结合案件的客观情况，及时对中国进出口银行申请实现担保物权的三处不动产采取查封措施，有效地保证了最后执行过程中仅用 4 个月左右的时间就将担保物成功变卖，保障了中国进出口银行实体权利的实现。

二、担保物权实现实体方面的审理

1. 最高额担保与一般担保的区分

最高额抵押，是指抵押人与抵押权人协议，在最高债权额限度内，以抵押物对一定期间内连续发生的债权作担保。本案涉及的担保合同仅有一个最高额担保合同，而借款合同总共有三个。双方当事人于 2016 年 10 月 25 日签订《房地产最高额抵押合同》明确了担保财产、担保期间以及最高债权额限度。由于中国进出口银行与后谷咖啡公司之间的三个借款合同（主合同）均适用一个最高额担保合同（从合同），因此本案的审理并未将案件轻易按照三个不同的主合同进行分案审理，而是根据最高额担保合同的特性以及实现担保物权案件的要点将三个借款合同在一个程序中合并审查。

2. 对本案担保物权的实质审查

云南省昆明市呈贡区人民法院认真、细致、全面地审查了本案中的三个主合同及一个最高额担保合同，确保整个案件事实清晰、法律关系明了、适用法律正确的情况下依法作出了裁定准许拍卖、变卖担保财产的裁定书。在审查案件的过程中注意了以下两个问题：

（1）除了在最高额担保的情况下，本案被担保债权还存在人的担保及其他物的担保的情况。本案中，经审查，三个借款主合同涉及的担保不仅只有中国进出口银行请求实现的最高额抵押担保物权，每一个主合同项下还有人的担保、其他担保物的抵押担保以及质押担保。在各类担保重合的情况下，当事人对实现担保物权的顺序并没有约定，因此，本案中审查了中国进出口银行申请实现担保物权符合法律规定的情况下，依法作出准许拍卖、变卖担保财产的裁定。

（2）裁定确认实现担保物权数额的最高限度。本案中，中国进出口银行主张的请求中第二项为："裁定中国进出口银行对担保财产拍卖、变卖所得价款有权在后谷咖啡公司担保的本金人民币459920337.8元及相应的利息、违约金、律师费、评估费、拍卖费、公证费、执行费等费用范围内优先受偿。"且三个借款合同总的借款金额本金已经达到4000万美金和5.359亿人民币之和，借款本金数额巨大，且远远超出最高额担保数额的最高限度。申请实现担保物权的三处不动产在2016年10月25日评估时，市值已为657029054元，至2019年8月，该三处不动产的价值肯定超过当时的评估值。因此，在最后裁定确认实现担保物权的限额时确定中国进出口银行对变价后所得的价款在人民币459920337.8元债权范围内优先受偿本案债权，严格按照法律规定和双方当事人的约定。

编写人：云南省昆明市呈贡区人民法院　刘春浩

40

抵押登记记载的债权数额并不等同于抵押担保范围

——刘某姣诉李某嘉抵押权案

【案件基本信息】

1. 裁判书字号

北京市第三中级人民法院（2019）京03民终11562号民事判决书

2. 案由：抵押权纠纷

3. 当事人

原告（被上诉人）：刘某姣

被告（上诉人）：李某嘉

【基本案情】

2014 年 11 月 26 日，沈某义与刘某姣签署《借款协议》并在北京市方正公证处进行了公证，由刘某姣借给沈某义 200 万元，借款利息按同期银行贷款利息的四倍计算。2014 年 11 月 28 日，李某嘉以其名下的房屋为沈某义的 200 万元借款本金和利息作抵押担保，李某嘉与刘某姣签署《借款抵押合同》并办理了抵押登记，刘某姣取得涉案房屋他项权证。上述合同签订后，沈某义未依约还款，刘某姣诉至北京市朝阳区人民法院，但沈某义仍未履行还款义务，李某嘉应对沈某义的债务承担抵押担保责任。现刘某姣又诉至法院。

【案件焦点】

1. 涉案抵押权诉讼是否超过诉讼时效；2. 李某嘉承担抵押担保责任的范围。

【法院裁判要旨】

北京市朝阳区人民法院经审理认为：根据法律规定，已为人民法院发生法律效力的裁判所确认的事实，当事人无须举证证明，有相反证据足以推翻的除外。北京市朝阳区人民（2016）京 0105 民初 32356 号民事判决书已认定李某嘉与刘某姣签订的《借款抵押合同》实质为抵押合同，是李某嘉以涉案房屋为沈某义的借款对刘某姣提供抵押担保。现无相反证据足以推翻上述民事判决书认定的事实。因此，刘某姣作为抵押权人，在沈某义不履行债务时，其有权通过实现抵押权的方式要求对涉案房屋折价或拍卖、变卖所得价款在沈某义的债务范围内优先受偿，故，刘某姣的诉讼请求于法有据。关于沈某义的还款责任，北京市第三中级人民法院（2018）京 03 民终 9037 号民事判决书已作出判决，李某嘉承担的抵押担保责任应以该民事判决书确定的沈某义的还款义务为限，且结合《借款抵押合同》约定的抵押担保范围，李某嘉应对借款本金及逾期还款利息承担抵押担保责任。刘某姣超出部分的诉讼请求，法院不予支持。关于李某嘉的抗辩意见，第一，本案不属于“一事不再理”情形；第二，物权法规定抵押权的行使期限，意在督促抵押权人积极行使权利，刘某姣在针对主债权的裁判文书作出后的一个月提起本案诉讼，并未怠于行使抵押权，且李某嘉提出的生效判决作出时间即为诉讼时效结束之时的意见并无明确法律规定；第三，李某嘉的其他抗辩意见缺乏依据，故法院均不予采纳。

北京市朝阳区人民法院依照《中华人民共和国担保法》第三十三条、第五十三条，《中华人民共和国物权法》第一百七十九条之规定，判决：

一、刘某姣就沈某义应偿付的借款本金200万元及逾期还款利息（以200万元为基数，自2016年5月26日起至实际给付之日止，按照中国人民银行同期贷款利率四倍的标准计算，以不超过年息24%为限，执行时需自应付利息总额中扣除12667元）对李某嘉名下案涉房屋折价或拍卖、变卖的价款，按照抵押登记顺序享有优先受偿权；

二、驳回刘某姣的其他诉讼请求。

李某嘉不服一审判决，提起上诉。

北京市第三中级人民法院经审理同意一审法院裁判意见，依照《中华人民共和国民事诉讼法》第一百七十条第一款第一项规定，判决：

驳回上诉，维持原判。

【法官后语】

一、涉案抵押权是否超过诉讼时效

《中华人民共和国物权法》第二百零二条规定，抵押权人应当在主债权诉讼时效期间行使抵押权；未行使的，人民法院不予保护。该条规定的是抵押权的消灭还是抵押权的行使期间，实践中存在不同观点及裁判结果。2019年发布的《全国法院民商事审判工作会议纪要》将其界定为抵押权的行使期间，即如果抵押权人未在主债权诉讼时效期间行使抵押权的，抵押权消灭。因而，本案中判断刘某姣享有的抵押权是否消灭，首先要对刘某姣提起抵押权诉讼是否超过诉讼时效进行认定。刘某姣以民间借贷纠纷案将李某嘉、沈某义诉至法院，要求二人连带偿还借款本金、利息等。民间借贷一审判决作出后，李某嘉提出上诉，北京市第三中级人民法院作出（2018）京03民终9037号民事判决书，认为一审法院混淆了保证与抵押两种不同的担保方式，刘某姣作为抵押权人，关于抵押权的实现问题可另行解决。因此，民间借贷案件未对抵押权作出判决，系因刘某姣主张权利方式错误而起，其在一审民间借贷案件生效后一个月提起本案抵押权诉讼，并未怠于行使抵押权，也未超过主债权诉讼期间。

二、李某嘉承担抵押担保责任的范围应以抵押合同约定还是以抵押登记为准

《中华人民共和国民法典》第三百八十九条规定："担保物权的担保范围包括主债权及其利息、违约金、损害赔偿金、保管担保财产和实现担保物权的费用。当事人另有约定的，按照其约定。"第四百条第二款规定："抵押合同一般包括下列条款：(一) 被担保债权的种类和数额；(二) 债务人履行债务的期限；(三) 抵押财产的名称、数量等情况；(四) 担保的范围。"可见抵押人以抵押财产承担责任的范围是抵押担保范围，以抵押合同约定的抵押担保范围为准。

然而，《房屋登记办法》第四十四条规定："对符合规定条件的抵押权设立登记，房屋登记机构应当将下列事项记载于房屋登记簿：(一) 抵押当事人、债务人的姓名或者名称；(二) 被担保债权的数额；(三) 登记时间。"可见，抵押担保范围并不属于房屋管理机构颁发的不动产权利证书需要记载的事项。

综上，一般抵押担保范围与抵押登记记载的债权数额有何区别，以及抵押登记记载与抵押合同不一致时该如何处理？抵押担保范围通常包括主债权本金、利息、罚息、违约金、实现债权的费用等。他项权证等抵押权登记证明载明的被担保债权数额通常只指主债权本金金额，并不包含利息、罚息、违约金、实现债权的费用等。所以，当抵押合同对抵押担保范围进行明确约定的情况下，应依照抵押合同约定执行。同时，抵押合同是登记机关存档备查的登记资料，利害关系人可通过查询档案资料的内容来获悉抵押物上的权利负担，故在抵押登记对抵押物的范围记载不明确的情况下，应当结合抵押合同的约定进行判断。

编写人：北京市朝阳区人民法院　马娇

41

浅析抵押权的行使期间

——周某良、闫某红诉农行三峡分行、农行夷陵支行抵押合同案

【案件基本信息】

1. 裁判书字号

湖北省宜昌市中级人民法院（2019）鄂05民终2076号民事判决书

2. 案由：抵押合同纠纷

3. 当事人

原告（被上诉人）：周某良、闫某红

被告（上诉人）：农行三峡分行、农行夷陵支行

【基本案情】

2004年3月，周某良、闫某红与农行夷陵支行签订一份《抵押合同》，约定周某良、闫某红为借款人余某新与农行夷陵支行之间的贷款债务提供抵押担保，担保主债权5万元，周某良、闫某红以其房屋提供抵押。合同签订后，房屋办理了抵押登记。直至2018年，借款人余某新未按约定偿还借款，农行三峡分行、农行夷陵支行也未向借款人和周某良、闫某红主张过权利。周某良、闫某红诉请对房屋抵押权登记予以注销。

【案件焦点】

1. 本案所涉的抵押权是否消灭；2. 抵押登记是否应注销。

【法院裁判要旨】

湖北省宜昌市西陵区人民法院经审理认为：根据《中华人民共和国物权法》第二百零二条之规定："抵押权人应当在主债权诉讼时效期间行使抵押权；未行使的，人民法院不予保护。"本案中，主债权诉讼时效期间为2005年3月22日至2007年

3 月 22 日，农行夷陵支行、农行三峡分行未在主债权诉讼时效期间内行使抵押权，法院对抵押权不再保护，即其失去了行使抵押权的胜诉权，抵押人的债务成为自然之债，抵押人可以基于自愿的原则去偿还。本案的抵押人即周某良、闫某红诉请对房屋抵押权登记予以注销，法院予以支持。

湖北省宜昌市西陵区人民法院依照《中华人民共和国物权法》第二百零二条规定，判决：

对周某良、闫某红所有的房屋的抵押权登记予以注销。

农行三峡分行、农行夷陵支行不服一审判决，提起上诉。

湖北省宜昌市中级人民法院经审理认为：双方争议的焦点是抵押人是否有权请求解除或者注销设立在房屋上的抵押登记，以排除该抵押登记给其行使所有权所造成的妨害。本案中，正常情况下主债权的诉讼时效期间从 2005 年 3 月 23 日开始计算，债权人农行夷陵支行在本案诉讼中没有提出主债权存在诉讼时效中止、中断或者延长的事由和证据，主债权的诉讼时效期间应至 2007 年 3 月 23 日止。根据《中华人民共和国物权法》第二百零二条规定："抵押权人应当在主债权诉讼时效期间行使抵押权；未行使的，人民法院不予保护。"这是法律对抵押权行使期间的规定，抵押权人行使抵押权的期间与主债权的诉讼时效期间一致。本案中抵押权人行使抵押权的时间，超过了行使抵押权的期间，故法院不予保护。农行三峡分行、农行夷陵支行称双方抵押合同签订至今，农行夷陵支行每年都清收抵押权证，致使诉讼时效中断，本案未超过诉讼时效，这是把法律规定的抵押权行使期限与诉讼时效期间相混淆了，而法律规定的抵押人行使抵押权的期限是以主债权的诉讼时效期间为依据的。抵押权人未在主债权诉讼时效期间行使抵押权，不仅丧失了人民法院的公权力保护，还使抵押权归于消灭。本案中，周某良、闫某红一审的诉讼请求不是担保人对诉讼时效的抗辩，而是要求在抵押权消灭后注销抵押登记。根据《中华人民共和国物权法》第一百七十七条第一项规定，主债权消灭，担保物权消灭。抵押权消灭后，若继续维持抵押登记，势必影响抵押物的正常使用和流转，妨害抵押人所有权的行使。一审法院根据抵押人的请求，判决解除抵押登记或者对抵押登记予以注销并无不当。农行三峡分行、农行夷陵支行的上诉理由不能成立，一审判决认定事实清楚，适用法律正确，应予维持。

湖北省宜昌市中级人民法院依照《中华人民共和国民事诉讼法》第一百七十

条第一款第一项规定，判决：

驳回上诉，维持原判。

【法官后语】

抵押权的行使是否有期限，是否受诉讼时效的影响？答案是：有期限，且必须在主债权诉讼时效期间内行使，否则法院不予保护，丧失胜诉权。就此案引申，进行如下探讨。

一、抵押权的期限法定

依据物权法定原则，抵押权作为一种担保物权，其设立、灭失均由法律规定，不可由当事人自行设定。既然设立、灭失这一前一后的时间点法定，那么抵押权的期限也应是法定的。作为担保债权实现的抵押权，其存续与主债权密切相关。按权利的从属性原理分析，主债权存在，抵押权即存在；主债权消灭，抵押权即消灭。抵押权的存续应与主债权同步。

关于抵押权的有效期限，最高人民法院研究室曾在2000年9月针对《广东省高院关于抵押登记机关规定的抵押期限是否有效问题的请示》中答复称，“抵押权与其担保的债权同时存在，办理抵押物登记的部门规定的抵押期限对抵押权的效力不发生影响”，这是为了厘清实务中登记机关错误登记、遗漏登记造成的认识模糊问题，也充分体现了物权法定原则。

二、抵押权行使期间与诉讼时效、除斥期间的区分

诉讼时效，按《中华人民共和国民法典》第一百八十八条规定，是指向法院请求保护的有效期间，即请求权人须在该时效内主张权利，否则承担公权力不予保护的后果。依民法理论通说，诉讼时效适用范围限于债权请求权。

除斥期间，按《中华人民共和国民法典》第一百九十九条规定，是指法律规定或当事人约定的撤销权、解除权等权利的存续有效期间，若除斥期间届满，则前述权利灭失。

而抵押权，属于担保物权，是一种对物的有限支配权（不同于所有权的直接占有、使用、处分），其并非请求权范围，更不是债权请求权，因此不属于诉讼时效规制范围。

实务中，有观点认为抵押权的行使期间是除斥期间，认为《中华人民共和国民

法典》第四百一十九条规定的后果是“抵押权消灭”。笔者对此不认同，因为：1. 按物权法定原则，抵押权的消灭情形由法律明文规定。《中华人民共和国民法典》第三百九十三条规定：“有下列情形之一的，担保物权消灭：（一）主债权消灭；（二）担保物权实现；（三）债权人放弃担保物权；（四）法律规定担保物权消灭的其他情形。”这并不包括“抵押权未在主债权诉讼时效内行使”这一情形。2. 从文义解释上看，《中华人民共和国民法典》第四百一十九条仅表述为“未行使的，人民法院不予保护”，这强调的是公权力不予保护、丧失胜诉权，并没有明确表述“抵押权消灭”。3. 依据《中华人民共和国民法典》第四百一十条规定，抵押权的实现方式是协议拍卖、变卖抵押物，而这种处置行为，既包括法院在执行过程中以公权力主导的拍卖变卖，也包括当事人私下协商的拍卖变卖。抵押权行使期限届满后，当事人私下协商处置抵押物，实践中多有发生，并不被法律所禁止。所以若主张“抵押权行使期间届满，抵押权消灭”，则前述履行丧失法律基础。因此，抵押权行使期间不是除斥期间，抵押权行使期间届满，并不产生抵押权消灭的法律后果。

三、对抵押权行使期间的规制

关于抵押权的行使期限，立法经历了一个完善过程。1995 年发布的《中华人民共和国担保法》囿于当时的经济水平，未明确规定。2000 年发布的《最高人民法院关于适用〈中华人民共和国担保法〉若干问题的解释》第十二条第二款规定，主债权诉讼时效结束后，担保权人在诉讼时效结束后 2 年内行使担保物权的，法院应予支持，这赋予了担保权人两年特权。而 2007 年发布的《中华人民共和国物权法》第二百零二条对此进行了否定，删除了两年的规定，强调必须在主债权诉讼时效内行使。

2019 年最高人民法院发布的《全国法院民商事审判工作会议纪要》第五十九条更是明确规定，抵押权人应当在主债权的诉讼时效期间内行使抵押权。抵押权人未在主债权诉讼时效届满前行使的，抵押人请求注销抵押权登记的，法院应予支持。以登记作为公示方法的权利质权，参照适用前款规定。

立法为何如此考虑是因为抵押权对抵押物有权能上的限制，如果对抵押权行使期限不进行限制，将使抵押财产归属长期处于不稳定状态（实现抵押权的方式是拍卖处置抵押物），既不利于保护抵押人的合法权益（让抵押人随时处于财产会被拍卖的恐慌中)，也不利于抵押物的使用和流通效能发挥（抵押人不敢轻易出租、出售抵押物，错失商业良机)。2020年发布的《中华人民共和国民法典》第四百零六条对此有所突破，改变了物权法未经抵押权人同意，不得转让抵押财产的规定，允许抵押人在抵押期间对抵押物自由转让。同时规定只有抵押权人能够证明抵押财产转让可能损害抵押权的，才可以请求抵押人将转让所得的价款向抵押权人提前清偿债务或者提存。这一改变增强了抵押人对抵押物的处分权，使抵押人能够根据市场变化及自身需求灵活处分抵押物，保护抵押人的财产权益。另外，如果允许抵押权人在任何时候均可行使抵押权，则意味着在主债权已过诉讼时效且债务人因此取得抗辩后，债权人依然可从抵押人处获得利益，这对抵押人、债务人而言，明显不公。

从权利分类角度考虑，在数项权利并存时，依据权利相互依赖关系，可分为主权利、从权利。凡可独立存在、不依赖于其他权利者，为主权利；必须依附于其他权利、不能独立存在的，则为从权利。在主权利（主债权）已丧失国家强制力保护状态下，抵押物上所负担的从权利（抵押权）亦应丧失国家强力保护，这才符合《中华人民共和国民法典》的内在逻辑。因此，《中华人民共和国民法典》第四百一十九条强调抵押权必须在主债权诉讼时效内行使，就是为了督促抵押权人迅速行使权利，及时了结债务，让抵押物从抵押限制中“解脱恢复”，维系经济秩序稳定和交易安全。

四、抵押权行使期间长短受诉讼时效中止、中断影响

《中华人民共和国民法典》第四百一十九条及《国法院民商事审判工作会议纪要》第五十九条，均明确“抵押权应当在主债权诉讼时效内行使”，这可理解为抵押权的行使期间自抵押权成立时起，直至主债权诉讼时效结束时止。因此，若主债权诉讼时效因中止而暂停计算、因中断而重新计算，抵押权行使期间亦发生暂停或重新计算的法律后果。换言之，抵押权行使期间，始终与诉讼时效同步。

编写人：湖北省宜昌市西陵区人民法院　周云

42

抵押权效力不及于善意第三人，优先受偿范围及于抵押物价款

——邮政储蓄银行松江支行诉张某明等抵押权案

【案件基本信息】

1. 裁判书字号

上海市第一中级人民法院（2018）沪01民终10921号民事判决书

2. 案由：抵押权纠纷

3. 当事人

原告（上诉人）：邮政储蓄银行松江支行

被告（被上诉人）：张某明、李某、谢某飞、唐某娣

【基本案情】

2013年9月22日，邮政储蓄银行松江支行与张某明签订《个人购房借款及担保合同》，约定张某明为购买房产向邮政储蓄银行松江支行借款1300000元。张某明与唐某娣系夫妻关系。

2013年10月10日，邮政储蓄银行松江支行与张某明办理了上述房屋的抵押权登记手续，邮政储蓄银行松江支行取得上述房屋的抵押权登记证明。

2013年11月1日，邮政储蓄银行松江支行向张某明放款1300000元。

2016年5月，邮政储蓄银行松江支行获悉张某明未经其同意擅自将上述抵押房产转让给李某、谢某飞，并另行办理了抵押登记手续。邮政储蓄银行松江支行向上海市松江区人民法院提起诉讼，该案判决如下：1. 确认邮政储蓄银行松江支行与张某明在2013年9月22日签订的《个人购房借款及担保合同》于2016年6月4日解除；2. 张某明、唐某娣于本判决生效之日起十日内偿还邮政储蓄银行松江支行借款本金1112437.4元及至清偿全部借款本金日止的利息、罚息（按《个人购房借款及担保合同》约定计算）；3. 张某明、唐某娣于本判决生效之日起十日内赔偿邮

政储蓄银行松江支行律师代理费损失56759.55元。后张某明提起上诉。上海市第一中级人民法院判决：驳回上诉，维持原判。该案执行过程中，因未查实张某明、唐某娣有可供执行财产，故裁定终结本次执行程序。

2016年10月19日，邮政储蓄银行松江支行与上海市松江区房地产交易中心共同出具会谈记录，确认由于交易中心的系统原因造成邮政储蓄银行松江支行的抵押信息被覆盖，抵押权被注销，直接导致张某明将上述房屋出售给他人。

【案件焦点】

1. 本案抵押权是否因行政机关错误涤除行为而消灭；2. 买受人是否满足不动产善意取得构成要件及其取得的标的物上负担是否去除；3. 抵押权人能否向善意第三人主张行使标的物抵押权。

【法院裁判要旨】

上海市松江区人民法院经审理认为：根据《中华人民共和国物权法》相关规定，物权的善意取得需满足以下条件：受让人取得该财产时是善意的；以合理的价格有偿转让；转让的财产依照法律规定应当登记的已经登记，不需要登记的已经交付给受让人。对一般民事主体而言，基于不动产登记具有公信力，当事人因信赖不动产登记而从事交易，除非有相反的证据存在，法律可以推定其为善意。首先，李某、谢某飞购买涉案房屋时，经交易中心查询可知，涉案房屋上并不存在抵押信息。对于李某、谢某飞来说，其基于信赖交易中心的公示信息，相信其购买的房屋上是不存在权利瑕疵的。其次，根据李某、谢某飞支付给张某明的价款来看，其购房价格属于合理价格。李某、谢某飞付款完毕后，与张某明办理了房屋过户手续，涉案房屋被登记在李某、谢某飞名下。综上，李某、谢某飞取得涉案房屋所有权构成善意取得，其对该房屋享有合法权利。邮政储蓄银行松江支行要求对李某、谢某飞所有的房屋行使抵押权的主张，依据不足，不予支持。

上海市松江区人民法院依照《中华人民共和国物权法》第六条、第一百零六条的规定，判决：

驳回邮政储蓄银行松江支行的全部诉讼请求。

邮政储蓄银行松江支行不服一审判决，提起上诉。

上海市第一中级人民法院经审理认为：不动产物权以登记作为权利享有与变更

的公示方法，法律通过赋予登记与占有、交付的公信力，是社会公众知悉物权的享有与变动情况。本案中，由于交易中心的系统原因导致邮政储蓄银行松江支行的抵押信息被覆盖，系争房屋的权利记载中出现错误的情况。李某、谢某飞出于信赖登记、以合理的价格购买系争房屋，系争房屋已登记在李某、谢某飞名下，李某、谢某飞因善意而即时取得系争房屋的所有权。因此，虽然邮政储蓄银行松江支行在系争房屋的所有权人为张某明时享有对系争房屋的抵押权，但在系争房屋所有权变动、现所有权人为李某、谢某飞后，再要求确认对系争房屋享有抵押权，缺乏事实和法律依据，故对邮政储蓄银行松江支行的该诉请法院不予支持。《中华人民共和国物权法》第一百七十条规定："担保物权人在债务人不履行到期债务或者发生当事人约定的实现担保物权的情形，依法享有就担保财产优先受偿的权利……"从该条规定来看，担保物权的法律效力主要体现在享有优先受偿权。抵押权作为担保物权，其优先的内容在于抵押物的价值，而非取得抵押物的所有权，在抵押物已经转让的情况下，作为购买人取得的是抵押物的所有权，特别是在购房人已经支付对价，并且是善意的情况下，如果再将抵押权的负担转移给购房人，显然不利于保护购房者的所有权。基于上述分析，一审判决对于邮政储蓄银行松江支行要求行使抵押权的诉讼请求未予支持，并无不当，法院予以认同。综上所述，邮政储蓄银行松江支行的上诉请求不能成立，应予驳回；一审判决认定事实清楚，适用法律正确，应予维持。

上海市第一中级人民法院依照《中华人民共和国民事诉讼法》第一百七十条第一款第一项规定，判决：

驳回上诉，维持原判。

【法官后语】

公示的不动产登记簿具有公示公信力，虽行政机关错误涂除了抵押权信息，但本案房屋上设定的抵押权不因行政机关的错误涂除的动作而灭失，且抵押权人未放弃本案担保物权，也不因涤除权制度或第三人代为清偿制度得以消灭抵押权，抵押权仍未涤除，抵押权人的权利仍受到保护。本案抵押人明知转让房屋在非因抵押权人放弃抵押权、发生抵押权消灭等原因造成去除负担的形态，仍在抵押期间未经抵押权人同意转让抵押物，不发生抵押权消灭的物权变动效果。本案真实物权与登记物权出现分离状态，买受人基于不动产登记簿记载的未设立他项权利的内容相信涉案抵押物不存在抵押权，其亦难以从其他途径知悉已被错误涤除的抵押权，其基于法律直接规定的善意取得制度取得标的物所有权实现物权变动效果，原物上设定的所有负担均消灭，买受人取得终局性的“清洁所有权”，即无抵押负担的物，抵押权人不得向善意第三人主张行使标的物抵押权。虽抵押权的效力不得对抗善意第三人，但本案中错误涤除的事由对于抵押权人而言等同于发生毁损灭失的效果，抵押权效力及于抵押人擅自将房屋出卖给他人获取的转让金，即抵押权人可就抵押权价值化后的转让金优先受偿。

值得注意的是，《中华人民共和国民法典》第四百零六条一改物权法采取禁止抵押物转让的立场，取而代之的新规则一是允许抵押物在抵押期间的自由转让；二是尊重当事人意思自治，有约定从约定；三是应当履行抵押财产转让的通知义务，然转让合同不因是否通知抵押权人或及时通知抵押权人而无效；四是设定抵押权人享有主张提前清偿债务或者提存的权利的条件是抵押权人能够证明抵押财产转让可能损害抵押权。由于抵押权具有物上追及力，对于真实物权与登记物权一致的抵押权，抵押物的自由转让不影响抵押权的实现，该效力及于买受人；对于真实物权与登记物权不一致的抵押权，买受人基于不动产登记簿的公示力信赖其记载的抵押权信息，发生错误涤除情形时的抵押权效力不及于不知情的买受人，发生债权信息错误登记情形时的抵押权效力及于买受人，但追及范围仅限于转让时不动产登记簿记载事项。

《中华人民共和国民法典》第四百零六条的修改在保障抵押物流转价值的同时，也赋予了抵押权人提前清偿债务或者提存的救济途径，真正实现了抵押权人、抵押人及买受人三者的利益平衡。

编写人：上海市松江区人民法院　胡晓晖　李羚

43

混合担保中债务人提供的抵押未设立，应结合各方过错程度综合判断应否保护保证人合理的顺位信赖利益

——袁某兴诉吴某康等民间借贷案

【案件基本信息】

1. 裁判书字号

广东省东莞市中级人民法院（2020）粤19民终6351号民事判决书

2. 案由：民间借贷纠纷

3. 当事人

原告（被上诉人）：袁某兴

被告（上诉人）：吴某康

被告（被上诉人）：袁某坤、黎某仪

【基本案情】

袁某坤、黎某仪为夫妻，袁某坤向袁某兴借款400000元，签订了《借款协议书》和《收据》并签名，落款日期均为2017年4月14日。其中，《借款协议书》载明：袁某坤向袁某兴借款400000元；借期内利息为月息千分之三十（即月利率3%）；借款期限自2017年4月14日至2017年7月13日；袁某坤需在2017年7月13日前一次性偿还本息，逾期则需计付违约金（本金×逾期天数×千分之五），且袁某兴追索本息的律师费、财产保全担保费等由袁某坤承担；袁某坤用东莞市东城区宝城花园×巷×号房屋做抵押，若到期不能归还借款，袁某兴有权处理抵押物。吴某康作为担保人在《借款协议书》上签名，保证对袁某坤的借款本息以及袁某兴实现债权的费用承担连带保证责任，并且承诺担保期限至袁某坤归还所有款项为止。《收据》显示袁某坤于2017年4月14日收到《借款协议书》所约定的出借款

400000元。袁某兴与袁某坤未为《借款协议书》约定的抵押物办理抵押登记。对于《借款协议书》所约定的借款本金以及《收据》载明的收到金额，根据袁某兴提交的银行汇款凭证显示，袁某兴于2017年4月14日通过其账户向黎某仪的账户转款250000元。

【案件焦点】

1. 涉案借款是否有实际发生；2. 吴某康担保的范围；3. 吴某康承担保证责任的范围。

【法院裁判要旨】

广东省东莞市第一人民法院经审理认为：1. 关于借款本金。首先，因袁某坤与袁某兴签订《借款协议书》，并且款项交付至袁某坤的妻子黎某仪的名下账户，故案涉借款有实际发生。其次，虽然袁某兴主张金额为300000元，但其仅提供了金额为250000元的转账记录，在袁某兴未提交其他证据证明其有通过现金形式向袁某坤或黎某仪交付50000元的情况下，法院认定涉案借款本金为250000元。最后，袁某兴表示袁某坤无规律地向其偿还了3个月的利息合计27000元，因《借款协议书》约定了借期利率为月利率3%，依据《最高人民法院关于审理民间借贷案件适用法律若干问题的规定》第二十六条第二款的规定，袁某兴可收取被袁某坤的借期利息合计22500元。对于多偿还的4500元，可用于偿还借款本金。经计算，借款期限届满后，袁某坤仍拖欠袁某兴借款本金245500元。

2. 关于逾期付款利息。虽然《借款协议书》约定逾期违约金按“本金×逾期天数×千分之五”计算，但依据《最高人民法院关于审理民间借贷案件适用法律若干问题的规定》第三十条的规定，涉案逾期违约金以年利率24%为限。涉案借款期限于2017年7月13日届满，逾期期间应自2017年7月14日开始计算。由于袁某兴请求逾期期间算至2018年6月13日，经过计算，2017年7月14日至2018年6月13日期间的逾期违约金应为54077.26元。

3. 关于律师费。袁某兴主张其为本案诉讼支出律师费18000元，因涉案《借款协议书》约定律师费由借款人承担，故袁某兴有权请求袁某坤向其支付律师费18000元。

4. 关于黎某仪是否需要承担还款责任。因涉案债务发生在黎某仪与袁某坤夫妻关系存续期间，且涉案出借款交付至黎某仪名下，在缺乏有效证据反驳袁某兴关于该借款系其与袁某坤的夫妻共同债务的主张的情况下，涉案债务应为黎某仪与袁某坤的夫妻共同债务。因此黎某仪应对袁某坤的涉案债务承担共同清偿责任。

5. 关于吴某康的担保责任。首先，《借款协议书》虽约定袁某坤将上述房屋抵押给袁某兴，但双方未就约定的抵押物办理抵押登记，依据《中华人民共和国物权法》第一百八十条及第一百八十七条的规定，《借款协议书》所约定的抵押权未设立。因此，吴某康抗辩主张称本案应当优先实现袁某坤提供的上述房屋的担保物权，应依法不予采纳。其次，关于吴某康保证责任的承担。因涉案借款的借款期限于2017年7月13日届满，《借款协议书》约定吴某康的保证期限至袁某坤归还所有款项为止，依据《最高人民法院关于适用〈中华人民共和国担保法〉若干问题的解释》第三十二条第二款关于“保证合同约定保证人承担保证责任直至主债务本息还清时为止等类似内容的，视为约定不明，保证期间为主债务履行期届满之日起二年”的规定，吴某康的保证期限于2019年7月13日届满，即袁某兴对吴某康的起诉系在其保证期限内。又因《借款协议书》明确约定吴某康的担保责任为连带保证责任，且约定保证范围包括律师费，袁某兴有权要求吴某康对袁某坤的上述债务承担连带清偿责任。依据《中华人民共和国担保法》第三十一条的规定，吴某康在承担保证责任后，有权向袁某坤进行追偿。

广东省东莞市第一人民法院依照《中华人民共和国合同法》第一百零七条、第二百零六条，《中华人民共和国民事诉讼法》第六十四条、第一百四十二条、第一百四十四条，《最高人民法院关于适用〈中华人民共和国民事诉讼法〉的解释》第九十条的规定，判决：

一、袁某坤、黎某仪应于判决发生法律效力之日起五日内向袁某兴归还借款本金245500元；

二、袁某坤、黎某仪应于判决发生法律效力之日起五日内向袁某兴支付逾期违约金54077.26元；

三、袁某坤、黎某仪应于判决发生法律效力之日起五日内向袁某兴支付律师费18000元；

四、吴某康对上述第一项至第三项袁某坤、黎某仪的债务承担连带清偿责任；

五、驳回袁某兴的其他诉讼请求。

吴某康不服一审判决，提起上诉。

广东省东莞市中级人民法院经审理认为：关于借款是否实际发生以及借款本金、逾期付款利息的认定以及吴某康担保范围的认定，一审判决认定事实清楚、适用法律正确，依法予以维持。关于吴某康承担保证责任的范围。首先，《借款协议书》虽然约定袁某坤用东莞市东城区宝城花园×巷×号房屋作抵押，但案涉抵押物并未办理抵押登记，依据《中华人民共和国物权法》第一百八十条及第一百八十七条的规定，《借款协议书》所约定的抵押权未设立，一审法院对此认定正确，应依法予以维持。其次，本案存在混合担保的情况，袁某兴所享有的案涉债权既有债务人袁某坤以自己为共同共有权利人之一的房产担保，又有保证人吴某康提供的保证担保。《借款协议书》并未就债务人自己提供物的担保和保证人吴某康提供保证担保并存时的清偿顺序予以约定，根据《中华人民共和物权法》第一百七十六条规定："被担保债权既有物的担保又有人的担保的，债务人不履行到期债务或者发生当事人约定的实现担保物权的情形，债权人应当按照约定实现债权；没有约定或者约定不明确，债务人自己提供物的担保的，债权人应当先就该物的担保实现债权……"故袁某兴应当先就债务人袁某坤所提供的物的担保实现债权，吴某康应在该物的担保之后承担保证责任。然而债务人提供的抵押物未有效设立，应结合债权人、债务人、保证人的过错情况，基于诚实信用、公平原则综合判断应否保护保证人合理的顺位信赖利益。本案中袁某兴、袁某坤作为借贷关系的当事人，应积极促使抵押权依法设立。吴某康作为保证人，在签署协议时，亦应对债务人提供的抵押物的权属情况作审慎的审查，确知袁某坤是否有权将案涉房产作为抵押物，能否办理抵押登记，在案涉房产未办理抵押登记的情况下，即为案涉借贷提供担保，其本身亦存在过错。鉴于袁某兴、袁某坤、吴某康在签署协议时均存在过错，结合各方的过错程度，法院酌定吴某康对袁某坤、黎某仪所负案涉债务在三分之一范围内承担连带保证责任。

广东省东莞市中级人民法院依照《中华人民共和物权法》第一百七十六条、第一百八十条、第一百八十七条及《中华人民共和国民事诉讼法》第一百七十条第一款第二项之规定，判决：

一、维持广东省东莞市第一人民法院（2018）粤1971民初18270号民事判决第一项至第三项；

二、变更广东省东莞市第一人民法院（2018）粤 1971 民初 18270 号民事判决第四项为：吴某康对广东省东莞市第一人民法院（2018）粤 1971 民初 18270 号民事判决第一项至第三项袁某坤、黎某仪的债务在三分之一的范围内承担连带清偿责任；

三、撤销广东省东莞市第一人民法院（2018）粤 1971 民初 18270 号民事判决第五项；

四、驳回袁某兴的其他诉讼请求。

【法官后语】

混合担保中债务人提供的抵押未设立，保证人责任应如何认定。

首先，物的担保行为具有债物二分性，担保合同的成立生效是前提，办理抵押登记才是抵押权设立的必备条件。债务人提供物的担保的，债务人不积极办理抵押登记，系一种明显的恶意违约行为，主观上具有逃避债务、将债务责任转嫁给其他担保人的恶意，故债务人应依据《中华人民共和国民法典》的规定向债权人承担抵押权未设立的违约赔偿责任。同时，债权人为了最大限度地维护自身利益，理应比债务人更为积极地履行物的担保合同，积极促使担保物权依法设立。债权人不积极行使合同权利，怠于督促办理抵押登记，也可被“视为”权利的抛弃。据此，债权人未督促监督债务人办理抵押登记，导致抵押权未设立，可视为债权人放弃物的担保的行为。

其次，混合担保中，债权人享有多个担保权益，在权利行使上存在法定先后顺序问题。关于混合担保中对债务人自己提供物的担保的，《中华人民共和国民法典》第三百九十二条规定，“没有约定或者约定不明确，债务人自己提供物的担保的，债权人应当先就该物的担保实现债权”，体现了债务人的物保先行主义原则。由此，在债务人自己提供物的担保且担保债权上有保证人的情况下，若担保关系中的当事人对债权实现顺序没有明确约定或约定不明，保证人应依法享有先行以债务人提供的物保清偿债务的顺位信赖利益。这就意味着，债权人、债务人有关抵押物怠于行使权力、履行相关义务的行为，将直接影响保证人的利益。

最后，保证人在对债务人的债务提供保证时，也应对债务人提供的抵押物尽到审慎的审查义务。在提供保证之前，对该抵押物能否作为抵押财产、能否办理抵押登记、债务人能否独立处置，都应尽到相应的审查义务。如提供保证时，抵押财产尚未办理抵押登记，在提供保证之后，也应适时督促债务人及债权人及时办理抵押登记，以免自身权利受损。本案中债务人提供的抵押房产为家庭共有财产（权利人还包括其父母、妻子)，债务人提供抵押时，并未征得其他权利人的同意，也导致了后续抵押登记无法办理。因此，保证人在为案涉债务提供担保时，亦未尽到审慎的审查义务。

因此，混合担保中，债务人和债权人存在过错致使债务人提供的担保物权未设立，其他保证人可否在物的担保的债权范围内免责，应当结合债权人和主债务人的过错情况、保证人有无过错、当事人对债权实现顺位有无约定等因素，基于诚实信用、公平原则以及债务人最终责任原则，综合判断应否保护保证人合理的顺位信赖利益。

编写人：广东省东莞市中级人民法院　杨诚

附录：

最高人民法院关于适用《中华人民共和国民法典》有关担保制度的解释

（2020 年 12 月 25 日最高人民法院审判委员会第 1824 次会议通过
2020 年 12 月 31 日最高人民法院公告公布　自 2021 年 1 月 1 日起施行
法释〔2020〕28 号）

为正确适用《中华人民共和国民法典》有关担保制度的规定，结合民事审判实践，制定本解释。

一、关于一般规定

第一条　因抵押、质押、留置、保证等担保发生的纠纷，适用本解释。所有权保留买卖、融资租赁、保理等涉及担保功能发生的纠纷，适用本解释的有关规定。

第二条　当事人在担保合同中约定担保合同的效力独立于主合同，或者约定担保人对主合同无效的法律后果承担担保责任，该有关担保独立性的约定无效。主合同有效的，有关担保独立性的约定无效不影响担保合同的效力；主合同无效的，人民法院应当认定担保合同无效，但是法律另有规定的除外。

因金融机构开立的独立保函发生的纠纷，适用《最高人民法院关于审理独立保函纠纷案件若干问题的规定》。

第三条　当事人对担保责任的承担约定专门的违约责任，或者约定的担保责任范围超出债务人应当承担的责任范围，担保人主张仅在债务人应当承担的责任范围内承担责任的，人民法院应予支持。

担保人承担的责任超出债务人应当承担的责任范围，担保人向债务人追偿，债务人主张仅在其应当承担的责任范围内承担责任的，人民法院应予支持；担保人请求债权人返还超出部分的，人民法院依法予以支持。

第四条　有下列情形之一，当事人将担保物权登记在他人名下，债务人不履行到期债务或者发生当事人约定的实现担保物权的情形，债权人或者其受托人主张就该财产优先受偿的，人民法院依法予以支持：

（一）为债券持有人提供的担保物权登记在债券受托管理人名下；

（二）为委托贷款人提供的担保物权登记在受托人名下；

（三）担保人知道债权人与他人之间存在委托关系的其他情形。

第五条 机关法人提供担保的，人民法院应当认定担保合同无效，但是经国务院批准为使用外国政府或者国际经济组织贷款进行转贷的除外。

居民委员会、村民委员会提供担保的，人民法院应当认定担保合同无效，但是依法代行村集体经济组织职能的村民委员会，依照村民委员会组织法规定的讨论决定程序对外提供担保的除外。

第六条 以公益为目的的非营利性学校、幼儿园、医疗机构、养老机构等提供担保的，人民法院应当认定担保合同无效，但是有下列情形之一的除外：

（一）在购入或者以融资租赁方式承租教育设施、医疗卫生设施、养老服务设施和其他公益设施时，出卖人、出租人为担保价款或者租金实现而在该公益设施上保留所有权；

（二）以教育设施、医疗卫生设施、养老服务设施和其他公益设施以外的不动产、动产或者财产权利设立担保物权。

登记为营利法人的学校、幼儿园、医疗机构、养老机构等提供担保，当事人以其不具有担保资格为由主张担保合同无效的，人民法院不予支持。

第七条 公司的法定代表人违反公司法关于公司对外担保决议程序的规定，超越权限代表公司与相对人订立担保合同，人民法院应当依照民法典第六十一条和第五百零四条等规定处理：

（一）相对人善意的，担保合同对公司发生效力；相对人请求公司承担担保责任的，人民法院应予支持。

（二）相对人非善意的，担保合同对公司不发生效力；相对人请求公司承担赔偿责任的，参照适用本解释第十七条的有关规定。

法定代表人超越权限提供担保造成公司损失，公司请求法定代表人承担赔偿责任的，人民法院应予支持。

第一款所称善意，是指相对人在订立担保合同时不知道且不应当知道法定代表人超越权限。相对人有证据证明已对公司决议进行了合理审查，人民法院应当认定其构成善意，但是公司有证据证明相对人知道或者应当知道决议系伪造、变造的除外。

第八条 有下列情形之一，公司以其未依照公司法关于公司对外担保的规定作出决议为由主张不承担担保责任的，人民法院不予支持：

（一）金融机构开立保函或者担保公司提供担保；

（二）公司为其全资子公司开展经营活动提供担保；

（三）担保合同系由单独或者共同持有公司三分之二以上对担保事项有表决权的股东签字同意。

上市公司对外提供担保，不适用前款第二项、第三项的规定。

第九条 相对人根据上市公司公开披露的关于担保事项已经董事会或者股东大会决议通过的信息，与上市公司订立担保合同，相对人主张担保合同对上市公司发生效力，并由上市公司承担担保责任的，人民法院应予支持。

相对人未根据上市公司公开披露的关于担保事项已经董事会或者股东大会决议通过的信息，与上市公司订立担保合同，上市公司主张担保合同对其不发生效力，且不承担担保责任或者赔偿责任的，人民法院应予支持。

相对人与上市公司已公开披露的控股子公司订立的担保合同，或者相对人与股票在国务院批准的其他全国性证券交易场所交易的公司订立的担保合同，适用前两款规定。

第十条 一人有限责任公司为其股东提供担保，公司以违反公司法关于公司对外担保决议程序的规定为由主张不承担担保责任的，人民法院不予支持。公司因承担担保责任导致无法清偿其他债务，提供担保时的股东不能证明公司财产独立于自己的财产，其他债权人请求该股东承担连带责任的，人民法院应予支持。

第十一条 公司的分支机构未经公司股东（大）会或者董事会决议以自己的名义对外提供担保，相对人请求公司或者其分支机构承担担保责任的，人民法院不予支持，但是相对人不知道且不应当知道分支机构对外提供担保未经公司决议程序的除外。

金融机构的分支机构在其营业执照记载的经营范围内开立保函，或者经有权从事担保业务的上级机构授权开立保函，金融机构或者其分支机构以违反公司法关于公司对外担保决议程序的规定为由主张不承担担保责任的，人民法院不予支持。金融机构的分支机构未经金融机构授权提供保函之外的担保，金融机构或者其分支机构主张不承担担保责任的，人民法院应予支持，但是相对人不知道且不应当知道分支机构对外提供担保未经金融机构授权的除外。

担保公司的分支机构未经担保公司授权对外提供担保，担保公司或者其分支机构主张不承担担保责任的，人民法院应予支持，但是相对人不知道且不应当知道分支机构对外提供担保未经担保公司授权的除外。

公司的分支机构对外提供担保，相对人非善意，请求公司承担赔偿责任的，参照本解释第十七条的有关规定处理。

第十二条 法定代表人依照民法典第五百五十二条的规定以公司名义加入债务的，人民法院在认定该行为的效力时，可以参照本解释关于公司为他人提供担保的有关规则处理。

第十三条 同一债务有两个以上第三人提供担保，担保人之间约定相互追偿及分担份额，承担了担保责任的担保人请求其他担保人按照约定分担份额的，人民法院应予支持；担保人之间约定承担连带共同担保，或者约定相互追偿但是未约定分担份额的，各担保人按照比例分担向债务人不能追偿的部分。

同一债务有两个以上第三人提供担保，担保人之间未对相互追偿作出约定且未约定承担连带共同担保，但是各担保人在同一份合同书上签字、盖章或者按指印，承担了担保责任的担保人请求其他担保人按照比例分担向债务人不能追偿部分的，人民法院应予支持。

除前两款规定的情形外，承担了担保责任的担保人请求其他担保人分担向债务人不能追偿部分的，人民法院不予支持。

第十四条 同一债务有两个以上第三人提供担保，担保人受让债权的，人民法院应当认定该行为系承担担保责任。受让债权的担保人作为债权人请求其他担保人承担担保责任的，人民法院不予支持；该担保人请求其他担保人分担相应份额的，依照本解释第十三条的规定处理。

第十五条 最高额担保中的最高债权额，是指包括主债权及其利息、违约金、损害赔偿金、保管担保财产的费用、实现债权或者实现担保物权的费用等在内的全部债权，但是当事人另有约定的除外。

登记的最高债权额与当事人约定的最高债权额不一致的，人民法院应当依据登记的最高债权额确定债权人优先受偿的范围。

第十六条 主合同当事人协议以新贷偿还旧贷，债权人请求旧贷的担保人承担担保责任的，人民法院不予支持；债权人请求新贷的担保人承担担保责任的，按照下列情形处理：

（一）新贷与旧贷的担保人相同的，人民法院应予支持；

（二）新贷与旧贷的担保人不同，或者旧贷无担保新贷有担保的，人民法院不予支持，但是债权人有证据证明新贷的担保人提供担保时对以新贷偿还旧贷的事实知道或者应当知道的除外。

主合同当事人协议以新贷偿还旧贷，旧贷的物的担保人在登记尚未注销的情形下同意继续为新贷提供担保，在订立新的贷款合同前又以该担保财产为其他债权人设立担保物权，其他债权人主张其担保物权顺位优先于新贷债权人的，人民法院不予支持。

第十七条 主合同有效而第三人提供的担保合同无效，人民法院应当区分不同情形确定担保人的赔偿责任：

（一）债权人与担保人均有过错的，担保人承担的赔偿责任不应超过债务人不能清偿部分的二分之一；

（二）担保人有过错而债权人无过错的，担保人对债务人不能清偿的部分承担赔偿责任；

（三）债权人有过错而担保人无过错的，担保人不承担赔偿责任。

主合同无效导致第三人提供的担保合同无效，担保人无过错的，不承担赔偿责任；担保人有过错的，其承担的赔偿责任不应超过债务人不能清偿部分的三分之一。

第十八条 承担了担保责任或者赔偿责任的担保人，在其承担责任的范围内向债务人追偿的，人民法院应予支持。

同一债权既有债务人自己提供的物的担保，又有第三人提供的担保，承担了担保责任或者赔偿责任的第三人，主张行使债权人对债务人享有的担保物权的，人民法院应予支持。

第十九条 担保合同无效，承担了赔偿责任的担保人按照反担保合同的约定，在其承担赔偿责任的范围内请求反担保人承担担保责任的，人民法院应予支持。

反担保合同无效的，依照本解释第十七条的有关规定处理。当事人仅以担保合同无效为由主张反担保合同无效的，人民法院不予支持。

第二十条 人民法院在审理第三人提供的物的担保纠纷案件时，可以适用民法典第六百九十五条第一款、第六百九十六条第一款、第六百九十七条第二款、第六百九十九条、第七百条、第七百零一条、第七百零二条等关于保证合同的规定。

第二十一条 主合同或者担保合同约定了仲裁条款的，人民法院对约定仲裁条款的合同当事人之间的纠纷无管辖权。

债权人一并起诉债务人和担保人的，应当根据主合同确定管辖法院。

债权人依法可以单独起诉担保人且仅起诉担保人的，应当根据担保合同确定管辖法院。

第二十二条 人民法院受理债务人破产案件后，债权人请求担保人承担担保责任，担保人主张担保债务自人民法院受理破产申请之日起停止计息的，人民法院对担保人的主张应予支持。

第二十三条 人民法院受理债务人破产案件，债权人在破产程序中申报债权后又向人民法院提起诉讼，请求担保人承担担保责任的，人民法院依法予以支持。

担保人清偿债权人的全部债权后，可以代替债权人在破产程序中受偿；在债权人的债权未获全部清偿前，担保人不得代替债权人在破产程序中受偿，但是有权就债权人通过破产分配和实现担保债权等方式获得清偿总额中超出债权的部分，在其承担担保责任的范围内请求债权人返还。

债权人在债务人破产程序中未获全部清偿，请求担保人继续承担担保责任的，人民法院应予支持；担保人承担担保责任后，向和解协议或者重整计划执行完毕后的债务人追偿的，人民法院不予支持。

第二十四条 债权人知道或者应当知道债务人破产，既未申报债权也未通知担保人，致使担保人不能预先行使追偿权的，担保人就该债权在破产程序中可能受偿的范围内免除担保责任，但是担保人因自身过错未行使追偿权的除外。

二、关于保证合同

第二十五条 当事人在保证合同中约定了保证人在债务人不能履行债务或者无力偿还债务时才承担保证责任等类似内容，具有债务人应当先承担责任的意思表示的，人民法院应当将其认定为一般保证。

当事人在保证合同中约定了保证人在债务人不履行债务或者未偿还债务时即承担保证责任、无条件承担保证责任等类似内容，不具有债务人应当先承担责任的意思表示的，人民法院应当将其认定为连带责任保证。

第二十六条 一般保证中，债权人以债务人为被告提起诉讼的，人民法院应予受理。债权人未就主合同纠纷提起诉讼或者申请仲裁，仅起诉一般保证人的，人民法院应当驳回起诉。

一般保证中，债权人一并起诉债务人和保证人的，人民法院可以受理，但是在作出判决时，除有民法典第六百八十七条第二款但书规定的情形外，应当在判决书主文中明确，保证人仅对债务人财产依法强制执行后仍不能履行的部分承担保证责任。

债权人未对债务人的财产申请保全，或者保全的债务人的财产足以清偿债务，债权人申请对一般保证人的财产进行保全的，人民法院不予准许。

第二十七条 一般保证的债权人取得对债务人赋予强制执行效力的公证债权文书后，在保证期间内向人民法院申请强制执行，保证人以债权人未在保证期间内对债务人提起诉讼或者申请仲裁为由主张不承担保证责任的，人民法院不予支持。

第二十八条 一般保证中，债权人依据生效法律文书对债务人的财产依法申请强制执行，保证债务诉讼时效的起算时间按照下列规则确定：

（一）人民法院作出终结本次执行程序裁定，或者依照民事诉讼法第二百五十七条第三项、第五项的规定作出终结执行裁定的，自裁定送达债权人之日起开始计算；

（二）人民法院自收到申请执行书之日起一年内未作出前项裁定的，自人民法院收到申请执行书满一年之日起开始计算，但是保证人有证据证明债务人仍有财产可供执行的除外。

一般保证的债权人在保证期间届满前对债务人提起诉讼或者申请仲裁，债权人举证证明存在民法典第六百八十七条第二款但书规定情形的，保证债务的诉讼时效自债权人知道或者应当知道该情形之日起开始计算。

第二十九条 同一债务有两个以上保证人，债权人以其已经在保证期间内依法向部分保证人行使权利为由，主张已经在保证期间内向其他保证人行使权利的，人民法院不予支持。

同一债务有两个以上保证人，保证人之间相互有追偿权，债权人未在保证期间内依法向部分保证人行使权利，导致其他保证人在承担保证责任后丧失追偿权，其他保证人主张在其不能追偿的范围内免除保证责任的，人民法院应予支持。

第三十条 最高额保证合同对保证期间的计算方式、起算时间等有约定的，按照其约定。

最高额保证合同对保证期间的计算方式、起算时间等没有约定或者约定不明，被担保债权的履行期限均已届满的，保证期间自债权确定之日起开始计算；被担保债权的履行期限尚未届满的，保证期间自最后到期债权的履行期限届满之日起开始计算。

前款所称债权确定之日，依照民法典第四百二十三条的规定认定。

第三十一条 一般保证的债权人在保证期间内对债务人提起诉讼或者申请仲裁后，又撤回起诉或者仲裁申请，债权人在保证期间届满前未再行提起诉讼或者申请仲裁，保证人主张不再承担保证责任的，人民法院应予支持。

连带责任保证的债权人在保证期间内对保证人提起诉讼或者申请仲裁后，又撤回起诉或者仲裁申请，起诉状副本或者仲裁申请书副本已经送达保证人的，人民法院应当认定债权人已经在保证期间内向保证人行使了权利。

第三十二条 保证合同约定保证人承担保证责任直至主债务本息还清时为止等类似内容的，视为约定不明，保证期间为主债务履行期限届满之日起六个月。

第三十三条 保证合同无效，债权人未在约定或者法定的保证期间内依法行使权利，保证人主张不承担赔偿责任的，人民法院应予支持。

第三十四条 人民法院在审理保证合同纠纷案件时，应当将保证期间是否届满、债权人是否在保证期间内依法行使权利等事实作为案件基本事实予以查明。

债权人在保证期间内未依法行使权利的，保证责任消灭。保证责任消灭后，债权人书面通知保证人要求承担保证责任，保证人在通知书上签字、盖章或者按指印，债权人请求保证人继续承担保证责任的，人民法院不予支持，但是债权人有证据证明成立了新的保证合同的除外。

第三十五条 保证人知道或者应当知道主债权诉讼时效期间届满仍然提供保证或者承担保证责任，又以诉讼时效期间届满为由拒绝承担保证责任或者请求返还财产的，人民法院不予支持；保证人承担保证责任后向债务人追偿的，人民法院不予支持，但是债务人放弃诉讼时效抗辩的除外。

第三十六条 第三人向债权人提供差额补足、流动性支持等类似承诺文件作为增信措施，具有提供担保的意思表示，债权人请求第三人承担保证责任的，人民法院应当依照保证的有关规定处理。

第三人向债权人提供的承诺文件，具有加入债务或者与债务人共同承担债务等意思表示的，人民法院应当认定为民法典第五百五十二条规定的债务加入。

前两款中第三人提供的承诺文件难以确定是保证还是债务加入的，人民法院应当将其认定为保证。

第三人向债权人提供的承诺文件不符合前三款规定的情形，债权人请求第三人承担保证责任或者连带责任的，人民法院不予支持，但是不影响其依据承诺文件请求第三人履行约定的义务或者承担相应的民事责任。

三、关于担保物权

（一）担保合同与担保物权的效力

第三十七条 当事人以所有权、使用权不明或者有争议的财产抵押，经审查构成无权处分的，人民法院应当依照民法典第三百一十一条的规定处理。

当事人以依法被查封或者扣押的财产抵押，抵押权人请求行使抵押权，经审查查封或者扣押措施已经解除的，人民法院应予支持。抵押人以抵押权设立时财产被查封或者扣押为由主张抵押合同无效的，人民法院不予支持。

以依法被监管的财产抵押的，适用前款规定。

第三十八条 主债权未受全部清偿，担保物权人主张就担保财产的全部行使担保物权的，人民法院应予支持，但是留置权人行使留置权的，应当依照民法典第四百五十条的规定处理。

担保财产被分割或者部分转让，担保物权人主张就分割或者转让后的担保财产行使担保物权的，人民法院应予支持，但是法律或者司法解释另有规定的除外。

第三十九条 主债权被分割或者部分转让，各债权人主张就其享有的债权份额行使担保物权的，人民法院应予支持，但是法律另有规定或者当事人另有约定的除外。

主债务被分割或者部分转移，债务人自己提供物的担保，债权人请求以该担保财产担保全部债务履行的，人民法院应予支持；第三人提供物的担保，主张对未经其书面同意转移的债务不再承担担保责任的，人民法院应予支持。

第四十条 从物产生于抵押权依法设立前，抵押权人主张抵押权的效力及于从物的，人民法院应予支持，但是当事人另有约定的除外。

从物产生于抵押权依法设立后，抵押权人主张抵押权的效力及于从物的，人民法院不予支持，但是在抵押权实现时可以一并处分。

第四十一条 抵押权依法设立后，抵押财产被添附，添附物归第三人所有，抵押权人主张抵押权效力及于补偿金的，人民法院应予支持。

抵押权依法设立后，抵押财产被添附，抵押人对添附物享有所有权，抵押权人主张抵押权的效力及于添附物的，人民法院应予支持，但是添附导致抵押财产价值增加的，抵押权的效力不及于增加的价值部分。

抵押权依法设立后，抵押人与第三人因添附成为添附物的共有人，抵押权人主张抵押权的效力及于抵押人对共有物享有的份额的，人民法院应予支持。

本条所称添附，包括附合、混合与加工。

第四十二条 抵押权依法设立后，抵押财产毁损、灭失或者被征收等，抵押权人请求按照原抵押权的顺位就保险金、赔偿金或者补偿金等优先受偿的，人民法院应予支持。

给付义务人已经向抵押人给付了保险金、赔偿金或者补偿金，抵押权人请求给付义务人向其给付保险金、赔偿金或者补偿金的，人民法院不予支持，但是给付义务人接到抵押权人要求向其给付的通知后仍然向抵押人给付的除外。

抵押权人请求给付义务人向其给付保险金、赔偿金或者补偿金的，人民法院可以通知抵押人作为第三人参加诉讼。

第四十三条 当事人约定禁止或者限制转让抵押财产但是未将约定登记，抵押人违反约定转让抵押财产，抵押权人请求确认转让合同无效的，人民法院不予支持；抵押财产已经交付或者登记，抵押权人请求确认转让不发生物权效力的，人民法院不予支持，但是抵押权人有证据证明受让人知道的除外；抵押权人请求抵押人承担违约责任的，人民法院依法予以支持。

当事人约定禁止或者限制转让抵押财产且已经将约定登记，抵押人违反约定转让抵押财产，抵押权人请求确认转让合同无效的，人民法院不予支持；抵押财产已经交付或者登记，抵押权人主张转让不发生物权效力的，人民法院应予支持，但是因受让人代替债务人清偿债务导致抵押权消灭的除外。

第四十四条 主债权诉讼时效期间届满后，抵押权人主张行使抵押权的，人民法院不予支持；抵押人以主债权诉讼时效期间届满为由，主张不承担担保责任的，人民法院应予支持。主债权诉讼时效期间届满前，债权人仅对债务人提起诉讼，经人民法院判决或者调解后未在民事诉讼法规定的申请执行时效期间内对债务人申请强制执行，其向抵押人主张行使抵押权的，人民法院不予支持。

主债权诉讼时效期间届满后，财产被留置的债务人或者对留置财产享有所有权的第三人请求债权人返还留置财产的，人民法院不予支持；债务人或者第三人请求拍卖、变卖留置财产并以所得价款清偿债务的，人民法院应予支持。

主债权诉讼时效期间届满的法律后果，以登记作为公示方式的权利质权，参照适用第一款的规定；动产质权、以交付权利凭证作为公示方式的权利质权，参照适用第二款的规定。

第四十五条 当事人约定当债务人不履行到期债务或者发生当事人约定的实现担保物权的情形，担保物权人有权将担保财产自行拍卖、变卖并就所得的价款优先受偿的，该约定有效。因担保人的原因导致担保物权人无法自行对担保财产进行拍卖、变卖，担保物权人请求担保人承担因此增加的费用的，人民法院应予支持。

当事人依照民事诉讼法有关“实现担保物权案件”的规定，申请拍卖、变卖担保财产，被申请人以担保合同约定仲裁条款为由主张驳回申请的，人民法院经审查后，应当按照以下情形分别处理：

（一）当事人对担保物权无实质性争议且实现担保物权条件已经成就的，应当裁定准许拍卖、变卖担保财产；

（二）当事人对实现担保物权有部分实质性争议的，可以就无争议的部分裁定准许拍卖、变卖担保财产，并告知可以就有争议的部分申请仲裁；

（三）当事人对实现担保物权有实质性争议的，裁定驳回申请，并告知可以向仲裁机构申请仲裁。

债权人以诉讼方式行使担保物权的，应当以债务人和担保人作为共同被告。

（二）不动产抵押

第四十六条 不动产抵押合同生效后未办理抵押登记手续，债权人请求抵押人办理抵押登记手续的，人民法院应予支持。

抵押财产因不可归责于抵押人自身的原因灭失或者被征收等导致不能办理抵押登记，债权人请求抵押人在约定的担保范围内承担责任的，人民法院不予支持；但是抵押人已经获得保险金、赔偿金或者补偿金等，债权人请求抵押人在其所获金额范围内承担赔偿责任的，人民法院依法予以支持。

因抵押人转让抵押财产或者其他可归责于抵押人自身的原因导致不能办理抵押登记，债权人请求抵押人在约定的担保范围内承担责任的，人民法院依法予以支持，但是不得超过抵押权能够设立时抵押人应当承担的责任范围。

第四十七条 不动产登记簿就抵押财产、被担保的债权范围等所作的记载与抵押合同约定不一致的，人民法院应当根据登记簿的记载确定抵押财产、被担保的债权范围等事项。

第四十八条 当事人申请办理抵押登记手续时，因登记机构的过错致使其不能办理抵押登记，当事人请求登记机构承担赔偿责任的，人民法院依法予以支持。

第四十九条 以违法的建筑物抵押的，抵押合同无效，但是一审法庭辩论终结前已经办理合法手续的除外。抵押合同无效的法律后果，依照本解释第十七条的有关规定处理。

当事人以建设用地使用权依法设立抵押，抵押人以土地上存在违法的建筑物为由主张抵押合同无效的，人民法院不予支持。

第五十条 抵押人以划拨建设用地上的建筑物抵押，当事人以该建设用地使用权不能抵押或者未办理批准手续为由主张抵押合同无效或者不生效的，人民法院不予支持。抵押权依法实现时，拍卖、变卖建筑物所得的价款，应当优先用于补缴建设用地使用权出让金。

当事人以划拨方式取得的建设用地使用权抵押，抵押人以未办理批准手续为由主张抵押合同无效或者不生效的，人民法院不予支持。已经依法办理抵押登记，抵押权人主张行使抵押权的，人民法院应予支持。抵押权依法实现时所得的价款，参照前款有关规定处理。

第五十一条 当事人仅以建设用地使用权抵押，债权人主张抵押权的效力及于土地上已有的建筑物以及正在建造的建筑物已完成部分的，人民法院应予支持。债权人主张抵押权的效力及于正在建造的建筑物的续建部分以及新增建筑物的，人民法院不予支持。

当事人以正在建造的建筑物抵押，抵押权的效力范围限于已办理抵押登记的部分。当事人按照担保合同的约定，主张抵押权的效力及于续建部分、新增建筑物以及规划中尚未建造的建筑物的，人民法院不予支持。

抵押人将建设用地使用权、土地上的建筑物或者正在建造的建筑物分别抵押给不同债权人的，人民法院应当根据抵押登记的时间先后确定清偿顺序。

第五十二条 当事人办理抵押预告登记后，预告登记权利人请求就抵押财产优先受偿，经审查存在尚未办理建筑物所有权首次登记、预告登记的财产与办理建筑物所有权首次登记时的财产不一致、抵押预告登记已经失效等情形，导致不具备办理抵押登记条件的，人民法院不予支持；经审查已经办理建筑物所有权首次登记，且不存在预告登记失效等情形的，人民法院应予支持，并应当认定抵押权自预告登记之日起设立。

当事人办理了抵押预告登记，抵押人破产，经审查抵押财产属于破产财产，预告登记权利人主张就抵押财产优先受偿的，人民法院应当在受理破产申请时抵押财产的价值范围内予以支持，但是在人民法院受理破产申请前一年内，债务人对没有财产担保的债务设立抵押预告登记的除外。

（三）动产与权利担保

第五十三条 当事人在动产和权利担保合同中对担保财产进行概括描述，该描述能够合理识别担保财产的，人民法院应当认定担保成立。

第五十四条 动产抵押合同订立后未办理抵押登记，动产抵押权的效力按照下列情形分别处理：

（一）抵押人转让抵押财产，受让人占有抵押财产后，抵押权人向受让人请求行使抵押权的，人民法院不予支持，但是抵押权人能够举证证明受让人知道或者应当知道已经订立抵押合同的除外；

（二）抵押人将抵押财产出租给他人并移转占有，抵押权人行使抵押权的，租赁关系不受影响，但是抵押权人能够举证证明承租人知道或者应当知道已经订立抵押合同的除外；

（三）抵押人的其他债权人向人民法院申请保全或者执行抵押财产，人民法院已经作出财产保全裁定或者采取执行措施，抵押权人主张对抵押财产优先受偿的，人民法院不予支持；

（四）抵押人破产，抵押权人主张对抵押财产优先受偿的，人民法院不予支持。

第五十五条 债权人、出质人与监管人订立三方协议，出质人以通过一定数量、品种等概括描述能够确定范围的货物为债务的履行提供担保，当事人有证据证明监管人系受债权人的委托监管并实际控制该货物的，人民法院应当认定质权于监管人实际控制货物之日起设立。监管人违反约定向出质人或者其他人放货、因保管不善导致货物毁损灭失，债权人请求监管人承担违约责任的，人民法院依法予以支持。

在前款规定情形下，当事人有证据证明监管人系受出质人委托监管该货物，或者虽然受债权人委托但是未实际履行监管职责，导致货物仍由出质人实际控制的，人民法院应当认定质权未设立。债权人可以基于质押合同的约定请求出质人承担违约责任，但是不得超过质权有效设立时出质人应当承担的责任范围。监管人未履行监管职责，债权人请求监管人承担责任的，人民法院依法予以支持。

第五十六条 买受人在出卖人正常经营活动中通过支付合理对价取得已被设立担保物权的动产，担保物权人请求就该动产优先受偿的，人民法院不予支持，但是有下列情形之一的除外：

（一）购买商品的数量明显超过一般买受人；

（二）购买出卖人的生产设备；

（三）订立买卖合同的目的在于担保出卖人或者第三人履行债务；

（四）买受人与出卖人存在直接或者间接的控制关系；

（五）买受人应当查询抵押登记而未查询的其他情形。

前款所称出卖人正常经营活动，是指出卖人的经营活动属于其营业执照明确记载的经营范围，且出卖人持续销售同类商品。前款所称担保物权人，是指已经办理登记的抵押权人、所有权保留买卖的出卖人、融资租赁合同的出租人。

第五十七条 担保人在设立动产浮动抵押并办理抵押登记后又购入或者以融资租赁方式承租新的动产，下列权利人为担保价款债权或者租金的实现而订立担保合同，并在该动产交付后十日内办理登记，主张其权利优先于在先设立的浮动抵押权的，人民法院应予支持：

（一）在该动产上设立抵押权或者保留所有权的出卖人；

（二）为价款支付提供融资而在该动产上设立抵押权的债权人；

（三）以融资租赁方式出租该动产的出租人。

买受人取得动产但未付清价款或者承租人以融资租赁方式占有租赁物但是未付清全部租金，又以标的物为他人设立担保物权，前款所列权利人为担保价款债权或者租金的实现而订立担保合同，并在该动产交付后十日内办理登记，主张其权利优先于买受人为他人设立的担保物权的，人民法院应予支持。

同一动产上存在多个价款优先权的，人民法院应当按照登记的时间先后确定清偿顺序。

第五十八条 以汇票出质，当事人以背书记载“质押”字样并在汇票上签章，汇票已经交付质权人的，人民法院应当认定质权自汇票交付质权人时设立。

第五十九条 存货人或者仓单持有人在仓单上以背书记载“质押”字样，并经保管人签章，仓单已经交付质权人的，人民法院应当认定质权自仓单交付质权人时设立。没有权利凭证的仓单，依法可以办理出质登记的，仓单质权自办理出质登记时设立。

出质人既以仓单出质，又以仓储物设立担保，按照公示的先后确定清偿顺序；难以确定先后的，按照债权比例清偿。

保管人为同一货物签发多份仓单，出质人在多份仓单上设立多个质权，按照公示的先后确定清偿顺序；难以确定先后的，按照债权比例受偿。

存在第二款、第三款规定的情形，债权人举证证明其损失系由出质人与保管人的共同行为所致，请求出质人与保管人承担连带赔偿责任的，人民法院应予支持。

第六十条 在跟单信用证交易中，开证行与开证申请人之间约定以提单作为担保的，人民法院应当依照民法典关于质权的有关规定处理。

在跟单信用证交易中，开证行依据其与开证申请人之间的约定或者跟单信用证的惯例持有提单，开证申请人未按照约定付款赎单，开证行主张对提单项下货物优先受偿的，人民法院应予支持；开证行主张对提单项下货物享有所有权的，人民法院不予支持。

在跟单信用证交易中，开证行依据其与开证申请人之间的约定或者跟单信用证的惯例，通过转让提单或者提单项下货物取得价款，开证申请人请求返还超出债权部分的，人民法院应予支持。

前三款规定不影响合法持有提单的开证行以提单持有人身份主张运输合同项下的权利。

第六十一条 以现有的应收账款出质，应收账款债务人向质权人确认应收账款的真实性后，又以应收账款不存在或者已经消灭为由主张不承担责任的，人民法院不予支持。

以现有的应收账款出质，应收账款债务人未确认应收账款的真实性，质权人以应收账款债务人为被告，请求就应收账款优先受偿，能够举证证明办理出质登记时应收账款真实存在的，人民法院应予支持；质权人不能举证证明办理出质登记时应收账款真实存在，仅以已经办理出质登记为由，请求就应收账款优先受偿的，人民法院不予支持。

以现有的应收账款出质，应收账款债务人已经向应收账款债权人履行了债务，质权人请求应收账款债务人履行债务的，人民法院不予支持，但是应收账款债务人接到质权人要求向其履行的通知后，仍然向应收账款债权人履行的除外。

以基础设施和公用事业项目收益权、提供服务或者劳务产生的债权以及其他将有的应收账款出质，当事人为应收账款设立特定账户，发生法定或者约定的质权实现事由时，质权人请求就该特定账户内的款项优先受偿的，人民法院应予支持；特定账户内的款项不足以清偿债务或者未设立特定账户，质权人请求折价或者拍卖、变卖项目收益权等将有的应收账款，并以所得的价款优先受偿的，人民法院依法予以支持。

第六十二条 债务人不履行到期债务，债权人因同一法律关系留置合法占有的第三人的动产，并主张就该留置财产优先受偿的，人民法院应予支持。第三人以该留置财产并非债务人的财产为由请求返还的，人民法院不予支持。

企业之间留置的动产与债权并非同一法律关系，债务人以该债权不属于企业持续经营中发生的债权为由请求债权人返还留置财产的，人民法院应予支持。

企业之间留置的动产与债权并非同一法律关系，债权人留置第三人的财产，第三人请求债权人返还留置财产的，人民法院应予支持。

四、关于非典型担保

第六十三条 债权人与担保人订立担保合同，约定以法律、行政法规尚未规定可以担保的财产权利设立担保，当事人主张合同无效的，人民法院不予支持。当事人未在法定的登记机构依法进行登记，主张该担保具有物权效力的，人民法院不予支持。

第六十四条 在所有权保留买卖中，出卖人依法有权取回标的物，但是与买受人协商不成，当事人请求参照民事诉讼法"实现担保物权案件"的有关规定，拍卖、变卖标的物的，人民法院应予准许。

出卖人请求取回标的物，符合民法典第六百四十二条规定的，人民法院应予支持；买受人以抗辩或者反诉的方式主张拍卖、变卖标的物，并在扣除买受人未支付的价款以及必要费用后返还剩余款项的，人民法院应当一并处理。

第六十五条 在融资租赁合同中，承租人未按照约定支付租金，经催告后在合理期限内仍不支付，出租人请求承租人支付全部剩余租金，并以拍卖、变卖租赁物所得的价款受偿的，人民法院应予支持；当事人请求参照民事诉讼法"实现担保物权案件"的有关规定，以拍卖、变卖租赁物所得价款支付租金的，人民法院应予准许。

出租人请求解除融资租赁合同并收回租赁物，承租人以抗辩或者反诉的方式主张返还租赁物价值超过欠付租金以及其他费用的，人民法院应当一并处理。当事人对租赁物的价值有争议的，应当按照下列规则确定租赁物的价值：

（一）融资租赁合同有约定的，按照其约定；

（二）融资租赁合同未约定或者约定不明的，根据约定的租赁物折旧以及合同到期后租赁物的残值来确定；

（三）根据前两项规定的方法仍然难以确定，或者当事人认为根据前两项规定的方法确定的价值严重偏离租赁物实际价值的，根据当事人的申请委托有资质的机构评估。

第六十六条 同一应收账款同时存在保理、应收账款质押和债权转让，当事人主张参照民法典第七百六十八条的规定确定优先顺序的，人民法院应予支持。

在有追索权的保理中，保理人以应收账款债权人或者应收账款债务人为被告提起诉讼，人民法院应予受理；保理人一并起诉应收账款债权人和应收账款债务人的，人民法院可以受理。

应收账款债权人向保理人返还保理融资款本息或者回购应收账款债权后，请求应收账款债务人向其履行应收账款债务的，人民法院应予支持。

第六十七条 在所有权保留买卖、融资租赁等合同中，出卖人、出租人的所有权未经登记不得对抗的“善意第三人”的范围及其效力，参照本解释第五十四条的规定处理。

第六十八条 债务人或者第三人与债权人约定将财产形式上转移至债权人名下，债务人不履行到期债务，债权人有权对财产折价或者以拍卖、变卖该财产所得价款偿还债务的，人民法院应当认定该约定有效。当事人已经完成财产权利变动的公示，债务人不履行到期债务，债权人请求参照民法典关于担保物权的有关规定就该财产优先受偿的，人民法院应予支持。

债务人或者第三人与债权人约定将财产形式上转移至债权人名下，债务人不履行到期债务，财产归债权人所有的，人民法院应当认定该约定无效，但是不影响当事人有关提供担保的意思表示的效力。当事人已经完成财产权利变动的公示，债务人不履行到期债务，债权人请求对该财产享有所有权的，人民法院不予支持；债权人请求参照民法典关于担保物权的规定对财产折价或者以拍卖、变卖该财产所得的价款优先受偿的，人民法院应予支持；债务人履行债务后请求返还财产，或者请求对财产折价或者以拍卖、变卖所得的价款清偿债务的，人民法院应予支持。

债务人与债权人约定将财产转移至债权人名下，在一定期间后再由债务人或者其指定的第三人以交易本金加上溢价款回购，债务人到期不履行回购义务，财产归债权人所有的，人民法院应当参照第二款规定处理。回购对象自始不存在的，人民法院应当依照民法典第一百四十六条第二款的规定，按照其实际构成的法律关系处理。

第六十九条 股东以将其股权转移至债权人名下的方式为债务履行提供担保，公司或者公司的债权人以股东未履行或者未全面履行出资义务、抽逃出资等为由，请求作为名义股东的债权人与股东承担连带责任的，人民法院不予支持。

第七十条 债务人或者第三人为担保债务的履行，设立专门的保证金账户并由债权人实际控制，或者将其资金存入债权人设立的保证金账户，债权人主张就账户内的款项优先受偿的，人民法院应予支持。当事人以保证金账户内的款项浮动为由，主张实际控制该账户的债权人对账户内的款项不享有优先受偿权的，人民法院不予支持。

在银行账户下设立的保证金分户，参照前款规定处理。

当事人约定的保证金并非为担保债务的履行设立，或者不符合前两款规定的情形，债权人主张就保证金优先受偿的，人民法院不予支持，但是不影响当事人依照法律的规定或者按照当事人的约定主张权利。

五、附　则

第七十一条　本解释自2021年1月1日起施行。

图书在版编目（CIP）数据

中国法院2021年度案例．借款担保纠纷/国家法官学院，最高人民法院司法案例研究院编．—北京：中国法制出版社，2021.4

ISBN 978-7-5216-1722-1

Ⅰ.①中… Ⅱ.①国…②最… Ⅲ.①借贷-经济纠纷-案例-汇编-中国②担保-经济纠纷-案例-汇编-中国 Ⅳ.①D920.5

中国版本图书馆CIP数据核字（2021）第045801号

策划编辑：李小草（lixiaocao2008@sina.cn）
责任编辑：韩璐伟　王紫晶　　封面设计：温培英　李宁

中国法院2021年度案例．借款担保纠纷

ZHONGGUO FAYUAN 2021 NIANDU ANLI. JIEKUAN DANBAO JIUFEN

编者/国家法官学院，最高人民法院司法案例研究院
经销/新华书店
印刷/三河市紫恒印装有限公司
开本/730毫米×1030毫米　16开　　印张/13.25　字数/176千
版次/2021年4月第1版　　2021年4月第1次印刷

中国法制出版社出版
书号 ISBN 978-7-5216-1722-1　　定价：55.00元

北京西单横二条2号
邮政编码100031　　传真：010-66031119
网址：http://www.zgfzs.com　　**编辑部电话：010-66070046**
市场营销部电话：010-66033393　　**邮购部电话：010-66033288**

（如有印装质量问题，请与本社印务部联系调换。电话：010-66032926）